U0507125

本书为中央级公益性科研院所基本科研业务费
专项资金资助项目

中国农业科学院
农业经济与发展研究所
研究
论丛
第 4 辑

Research on Dairy
Consumption and Risk of
Dairy Farmers in China

中国牛奶产业消费与
奶农风险研究

周 慧 南石晃明 ◎著

中国财经出版传媒集团
经济科学出版社
Economic Science Press

前 言

在过去的几十年间，我国居民正在改变饮食结构，开始消费越来越多的副食品，其中牛奶的消费涨幅最快。饮食结构的变化不仅带来了消费的增长，更促使生产快速发展。饲养奶牛、生产牛奶不仅仅帮助农民增加收入，也在改善中国人膳食结构方面起到一定的作用。然而，食品安全事件的发生、市场起伏不定的变化、动物疫病的频繁发生都给消费者和生产者带来了诸多负面影响。

本书主要以牛奶为载体，研究消费者在这一大背景下的行为特征，以及生产者（奶农）在这一背景条件下的风险应对。以往的研究或集中于消费者，或集中于生产者，但是对二者的结合还比较少见，这是本研究的创新之处。

本书的研究结论主要是基于两个面板数据调查的结果。这两个面板数据分别是 2008 年针对消费者行为的调查和 2010 年针对河北省和内蒙古自治区的部分奶农进行的调查。调查中分别获得 209 个消费者样本和 168 个农户样本。对于消费者研究，主要的研究方法是采用选择模型对消费者的牛奶消费偏好和带有可追溯系统标识牛奶的支付意愿，采用条件逻辑回归和多项逻辑回归进行具体的数据分析。针对奶农的风险及风险应对措施的分析，主要采用的是主成分分析法。

消费者研究的结果表明，在面对食品安全事件，消费者会出现一定的应激反应，即立刻对出现问题的食品产生极大的不信任，对于新的食品安全保障系统——可追溯系统的了解程度还比较低，但是总体接受态度是积极的。通过边际支付意愿来看，消费者更希望了解对动物的养殖环节，对动物疫病、兽药使用，特别是抗生素的使用非常在意，这体现在较高的边际支付意愿方面。年龄、学历以及收入都对消费者可追溯系统的接受程度产生影响。

对奶农的研究发现，市场风险即奶价的波动和动物疫病是奶农面临的最大风险，奶农特别是小规模的农户作为食物供应链最薄弱的一环，没有牛奶的定价权，完全是奶价的接受者，他们应对风险的能力相对较弱。所以他们想尽办法采用最低的成本开展生产，并通过各种方式来降低奶牛的疫病发生几率。此外，通过调查发现，养殖户对于国家提供的养殖技术推广、动物疫病防控扶持的需求都还十分巨大。然而对于一些在国外已经开展起来的风险应对措施，例如农业保险服务、农业产前合同等方式，对于中国奶农来说，还相对发展迟缓。

最后，基于上述研究结论，我们认为，对于消费者来说，对食品安全标签的更多信息和积极有效的宣传可以帮助人们获得更多相关的知识，这使人们更容易接受新的食品安全保障系统，但与此同时，强有力的监督才是人们产生信任的基础。对于生产者（奶农）而言，在依靠国家提供的技术推广与疾病防控服务的同时，也需要农户自己组织起来，形成更为强大的主体，从而在食物供应链中取得更多的话语权。

综合分析我们发现，在牛奶的整个供应链中，无论是消费者还是生产者，都对动物疫病、兽药使用方面最为关注，这是双方共同关注的焦点。对于生产部门的养殖户来说，减少和降低疫病的发生，减少兽药的不当使用，避免兽药残留成为核心问题。这也是从源头保障食品安全的重要环节。对于消费者而言，更好地了解所消费的产品，理性应对可能发生的食品安全风险，才能避免一旦发生问题所产生的过激反应。

目　录
CONTENTS

第 1 章　引　言 ……………………………………………… **1**

1.1　研究背景与问题的提出 / 1

1.2　创新点与现实意义 / 2

1.3　研究对象和结构安排 / 2

第 2 章　中国的畜牧业与奶业概况 ……………………… **4**

2.1　中国的畜牧业 / 4

2.2　中国的牛奶产业 / 6

2.3　食品安全可追溯系统 / 8

2.4　另一与食品安全有关的系统：良好农业规范 / 10

第 3 章　消费者的奶制品安全风险意识及可追溯系统 ………… **12**

3.1　有关食品安全可追溯系统与支付意愿的文献回顾 / 13

3.2　数据来源 / 14

3.3　消费者的牛奶消费习惯 / 17

3.4　消费者对于食品安全事件的态度 / 19

3.5　消费者对于食品安全可追溯系统的态度和支付意愿 / 21

3.6　小结 / 27

第4章 奶农的风险与风险管理分析 ······ **29**

4.1 研究背景 / 29

4.2 国内外研究回顾 / 29

4.3 数据来源与研究方法 / 31

4.4 数据分析与结果 / 35

4.5 小结 / 42

第5章 结论 ······ **44**

附录1 消费者调查问卷 ······ **47**

附录2 奶农风险调查问卷 ······ **54**

附录3 中日消费者对于良好农业规范（GAP）认证农产品的态度比较 ······ **58**

附录4 中华人民共和国食品安全法 ······ **67**

参考文献 ······ **112**

后记 ······ **122**

第1章

引　言

1.1　研究背景与问题的提出

中国是一个发展中大国，也是农业大国。农业是国民经济中的重要部门，尽管只有大约 10.3% 的国内生产总值来自农业，但是有超过 50% 人口仍然从事农业或与农业相关的产业。其中畜牧业占农业的比重正在日益扩大，且保持较高速度增长，畜牧业中的奶业又是增长最快的一个部门，奶业的快速发展为提高国民的健康素质、提高养殖农户的收入做出了巨大贡献。

随着收入的增加，中国人对食品的关注点已经从能不能吃饱向吃得安不安全、能不能吃好、对环境有没有影响的层面上转变了。目前，关于食品安全的话题受到包括消费者、生产者、政府部门等各方面的关注。食品安全可追溯系统、良好农业规范等新兴的食品安全系统的出现，有可能在避免农产品生产与消费中产生的信息不对称，为消费者建立消费信心起到积极作用。

与此同时，不仅仅是食品安全问题，市场变化以及动物疾病等各种风险已经让消费者无所适从，更给奶农带来巨大损失。在食物生产链中，奶农作为最薄弱的一环，可能遭受到的损失最大，了解并知晓奶农的风险以及农户应对风险的方式对于学者和政府部门提供有效的措施帮助农户管理风险并将损失减少到最低的程度具有重要意义。

1.2 创新点与现实意义

本书主要以牛奶为载体，研究消费者风险、生产者（奶农）风险。前人的研究或者是单独研究消费者，或者是单独研究生产者，但是对二者的整合研究还比较少，本书的现实意义就在于，在分别研究消费者风险和生产风险的同时，将二者结合起来，形成相对完整的食物系统。食品供应链中包含消费者、生产者，将二者有机结合才能形成完整的食物供应链。另一方面，在未来的研究中，农业环境风险分析也将成为重要的组成部分。

本书的另一个创新点体现在研究方法方面。消费者研究的主要研究对象是消费者对于带有食品安全保障系统——如可追溯系统标识的牛奶——的食品的支付意愿。国内对于支付意愿的研究多数采用条件价值评估法（Contingent Valuation Method，CVM）。受访者只能对载体进行整体评价，此时经常会遇到受访者出现假性评价的可能，即所想和行为并不一致。本书采用的是目前世界上更为流行的选择实验（Choice Experiment，CM），这一方法在评价非商品方面有着较好的效果，可以将评价目标划分为若干个属性，并将不同的属性进行分层，这种方法可以让受访者更有效地了解评价的目标，并减少条件价值评估法下可能产生的误差。

1.3 研究对象和结构安排

本书共分为五章，其中第1章是对研究背景和研究整体做介绍，第

2章概述中国的畜牧业特别是牛奶行业的现状，并介绍了包括可追溯系统在内的几种控制食品质量安全的系统。第3章侧重于分析消费者行为，包括消费者（主要分析大城市消费者）的牛奶消费偏好、在面对食品安全风险时的态度，对新的食品安全可追溯系统的认知和支付意愿。第4章则侧重分析生产者行为，包括奶农所面临的风险，并对风险进行评估，分析奶农应对风险的措施手段。第5章对本书的结论进行总结，并将消费者和生产者之间的风险进行对比。本书的研究框架如图1-1所示。

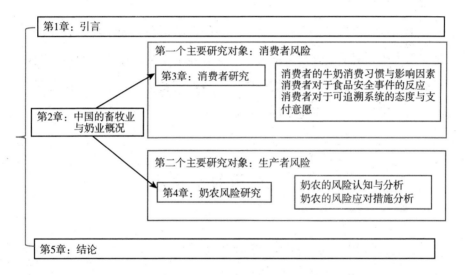

图1-1　本书的结构框架

第 2 章

中国的畜牧业与奶业概况

中国是农业大国，尽管大农业产值的贡献正在不断下降，农业仍然是国内生产总值的重要组成部分。而在农业中，畜牧业的作用正在变得日益重要，一方面，它为人们提供了主要的副食；另一方面，畜牧业已经成为农民收入的一个重要的增长点。

2.1 中国的畜牧业

在过去的 10 年里，我国种植业的比重有所下降，畜牧业的比重不断增加，2000 年左右畜牧业总产值大约为 7393 亿元，占大农业产值的 29%，到了 2013 年，畜牧业产值增长到 9538 亿元，占大农业产值比重为 31%，而种植业的比重从 2000 年的 56% 下降到 2013 年的 55%（见图 2 - 1、图 2 - 2）。

尽管畜牧业发展迅速，仍存在许多问题，其中疫病风险、兽药残留、动物废弃物处理不当都成为影响甚至制约畜牧业发展的因素，尤其是禽流感、口蹄疫等疫病给畜牧业部门以及养殖户都带来巨大的损失。而畜牧业废弃物成为农业面源污染的主要来源之一。

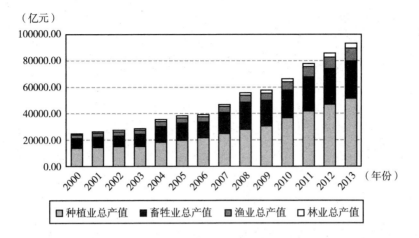

图 2－1 2000 年以来中国农业各部门产值变化

资料来源：中国统计年鉴（2014）。

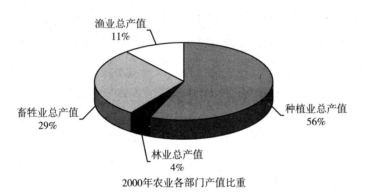

2000年农业各部门产值比重

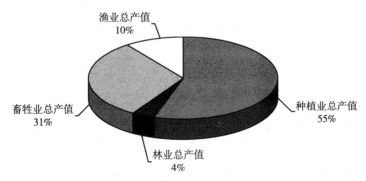

2013年农业各部门产值比重

图 2－2 对比 2000 年和 2013 年农业各部门间产值比重

资料来源：中国统计年鉴（2014）。

2.2 中国的牛奶产业

尽管乳业在中国畜牧业中还是一个比较新兴的组成部分，其占大农业产值的比重仅为 3%，但是乳品行业的成长非常迅速，尤其是在全球乳品行业增长放缓的大背景下，中国的乳品生产与消费都在高速增长。

2000 年以来，中国的乳品行业得到快速发展，生产量急剧增加，2007 年牛奶的产量已经突破 3500 万吨，并始终保持这一稳定产量（见图 2 - 3）。目前，根据联合国粮农组织（Food and Agriculture Organization，FAO）的数据，中国已经是继美国和印度之后的第三大牛奶生产国（FAO，2013）[①]

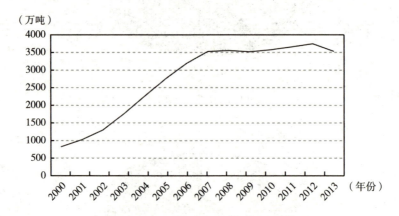

图 2 - 3 2000 年以来中国牛奶产量变化

资料来源：中国统计年鉴（2014）。

中国的牛奶生产区主要分布在北方。内蒙古自治区、黑龙江省、河

---

① Food Agriculture Organization of United Nations（FAO），*FAOSTAT Agriculture Database*. Accessed November 2013，2013available at http：//faostat. fao. org/site/339/default. aspx.

北省、河南省和山东省是牛奶产量最高的五个地区，这五个省（自治区）的牛奶产量超过了中国牛奶产量的 50%，其中仅内蒙古一地的产量就占全国总产量的 22%（见图 2 –4）。

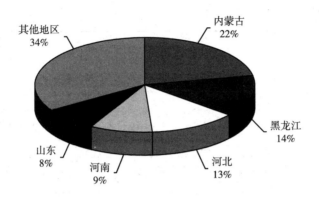

图 2 –4 中国牛奶生产分布

资料来源：中国统计年鉴（2014）。

当前中国约有奶牛 1200 万头，其中纯种荷斯坦奶牛占比并不多，多数是荷斯坦奶牛与本地品种的二元甚至三元杂交。每头奶牛的单产大约不足 4000 千克每年，与许多发达国家相比，这个产量仍然很低。在美国、以色列、荷兰等牛奶生产发达国家，奶牛的单产可以达到每年 10000 ~ 11000 千克。对于中国的奶农来说，饲养奶牛销售牛奶是增长收入的新途径，2008 年以前，大多数饲养奶牛的都是兼业农户，2008 年以后，受到国家政策的影响，兼业的散户奶牛正在逐步减少，专业奶农正在增加，规模也正在逐步扩大。

在消费层面上，过去的若干年间，中国人同其他东亚国家一样，改变了自己的饮食习惯。伴随着收入的增加和饮食习惯的西化，大米的消费正在减少，而与此同时，副食品的消费，如蔬菜、肉类、蛋类和奶类都在显著增加。

城镇居民的牛奶消费增长快于农村居民，但是城镇居民的牛奶消费在 2008 年遭遇寒冬，有了明显的下降，估计原因与 2008 年发生的三聚氰胺事件有着高度的相关性，这之后较长一段时间城镇居民牛奶消费都受到了负面影响。然而这一影响对消费还十分薄弱的农村居民而言，并不严重（见图2-5）。

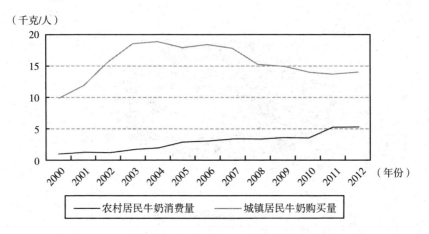

（千克/人）

图2-5　2000年以来中国城乡居民牛奶消费情况

资料来源：中国统计年鉴（2014）。

牛奶是一种健康食品。政府鼓励人们喝牛奶，并通过各种渠道向普通民众宣传喝牛奶的好处。为了让更多的人特别是青少年有养成喝牛奶的习惯，提高人们的健康水平，中央政府和地方政府都开展了"学生奶"计划，让各地的中小学生可以获得免费的牛奶或者通过政府补贴的形式让学生们喝到价格低廉的牛奶。

2.3　食品安全可追溯系统

可追溯系统有着非常广泛的定义，例如，国际标准组织（Interna-tional Standard Organization，ISO）将可追溯系统定义为一种在可控条件下溯源历史、过程以及定位的能力（1994）。也有学者定义可追溯系统为可以跟踪食品在生产、加工、运输等过程中每一个步骤的能力（Souza and Caswell，2004）。[1] 事实上，对所有的步骤和生产过程进行记录并追踪是非常浩大的工程，且花费巨大，因此，世界各地的食品供应企业已经开发了不同数量和种类的可追溯系统。不同的公司会根据自己的需要确定他们所需要的可追溯系统的广度、深度和精确性。

食品安全可追溯系统最初起源于欧洲。由于 1997 年欧洲爆发的牛脑海绵状病（俗称疯牛病），可追溯系统作为一种控制食品安全的手段被许多欧洲国家引入。之后，美国、日本等国先后建立了本国的可追溯系统并应用于不同的农产品中。

日本政府于 2001 年引入了可追溯系统，起因仍然是为了应对疯牛病的挑战。目前，日本通过法律要求每一头肉牛都有其相对应的可追溯码以便于消费者、加工商对生产过程进行全程追溯。在美国，可追溯系统作为一个工具，帮助食品企业提高管理投入要素和产品走向的效率。企业作为私人部门通过有效的可追溯系统对生产过程进行控制获得更佳的收益，从而平衡用于建立可追溯系统的支出。

中国政府也建立了一系列的可追溯系统，希望借此来保障食品安全、避免信息不对称，在帮助消费者建立对农产品的信心的同时，也帮助减少农户损失。2006 年农业部率先在北京、上海和四川牛肉的生产过程中建立了可追溯系统。之后为了应对 2008 年北京奥林匹克运动会，一条更为完善的可追溯链条也应运而生。根据政府部门的设计，消费者可以通过可追溯系统的信息终端获得有关该食品的生产、加工、运输等相关信息（见图 2 - 6）。

---

[1] Souza-Monteiro，D. M. and J. A. Caswell. "The Economics of Implementing Traceability in Beef Supply Chains: Trends in Major Producing and Trading Countries". Working Paper no. 2004 - 6.

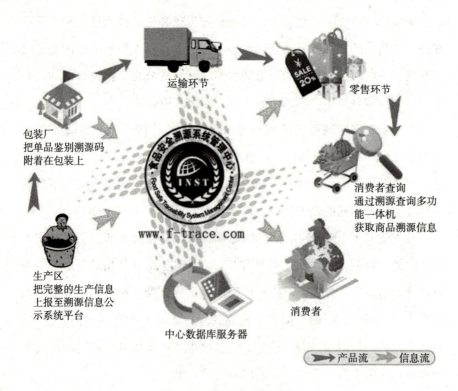

运输环节

零售环节

包装厂
把单品鉴别溯源码
附着在包装上

消费者查询
通过溯源查询多功
能一体机
获取商品溯源信息

生产区
把完整的生产信息
上报至溯源信息公
示系统平台

消费者

中心数据库服务器

产品流　信息流

图 2-6　中国的可追溯系统

资料来源：http://www.safefood.gov.cn/index.html.

2.4　另一与食品安全有关的系统：良好农业规范

良好农业规范（Good Agricultural Practices，GAP），从广义上讲，是指作为一种适用方法和体系，通过经济的、环境的和社会的可持续发展措施，来保障食品安全和质量，并维护环境安全。GAP主要针对未加工和最简单加工出售给消费者和加工企业的大多数农产品的种植、采收、清洗、包装和运输过程，这一系统不仅关注农产品安全、环境保护，还关注动物福利等各个方面。全球良好农业规范（GLOBAL-GAP.）是目前最著名的良好农业规范体系，其前身为欧洲良好农业规范（EUREPGAP）。

日本最早的良好农业规范出现在 2002 年，由 AEON 公司建立。日本良好农业规范（J_ GAP）由两个级别组成：一个是基础良好农业规范（JGAP basic）；另一个是 J + G，其标准被认为与全球良好农业规范的标准等同（Takeda，2011）[①]，如图 2 − 7 所示。

图 2 − 7　日本的良好农业规范认证标识

资料来源：Japan-GAP Foundation.

我国政府于 2004 年开始设计中国良好农业规范（CHINA GAP）的国家标准，并分别于 2006 年和 2008 年公布（见图 2 − 8）。目前我国有 24 个良好农业规范的国家级标准，包括大田作物、水果、蔬菜、奶牛、生猪等方面。

图 2 − 8　中国良好农业规范标志

资料来源：http：//www. cnca. gov. cn/cnca/default. shtml.

---

① Takeda Y. JGAP updates and its approach. *Japan Good Agricultural Practices Association.* Available at http：//jgap. jp/（2011）.

第 **3** 章

消费者的奶制品安全风险意识及可追溯系统

　　食品安全和食品质量正在日益成为消费者、政府以及食品行业关注的焦点问题。其中，乳品行业在中国发展尤为迅速。人民生活水平的提高、学生奶活动的开展以及政府的扶持政策促使乳制品特别是牛奶的生产与消费在过去 10 年间急剧上升。中国目前已经是世界上第三大乳品生产国，仅次于美国和印度。一些大城市如北京、上海的年人均乳制品消费量已经接近亚洲平均水平（40 千克/人）。然而，发生在乳品行业的食品安全事件层出不穷，令消费者缺乏购买信心，这对乳品行业的打击是巨大的。

　　在这一背景下，政府部门以及企业、普通消费者开始更多地关注一些新兴的食品质量安全控制手段，如"食品安全可追溯系统"。食品安全可追溯系统作为一种新的方式，为消费者提供有关食品安全和食品质量的知情权，并为消费者提供相关的信息。一方面，食品安全可追溯系统可以辅助监督生产者的生产过程，避免一些类似抗生素残留等食品安全问题的发生；另一方面，一旦发生食品安全事件，也便于追溯问题的源头，及早发现，减少不必要的损失。食品安全可追溯系统在 2006 年最早在牛肉产品中试点实施，并在 2008 年北京奥运会期间在北京进行开展。所以本章将食品安全可追溯系统作为一个案例，分析消费者对于食品安全风险的认知以及对于这类有关食品安全标识的支付意愿。

目前食品安全可追溯系统在北京的部分超市中可以见到，并不是所有的农产品上都有可追溯标识或可追溯码，主要是在部分肉类、蔬菜制品的标签上可以看到（见图 3 – 1）。

图 3 – 1　北京超市中可以见到的可追溯标识

资料来源：笔者拍摄。

作为一个新鲜事物，中国消费者对可追溯标识的态度还不很明确，所以本章除了分析消费者对于牛奶消费的习惯和影响城镇居民购买牛奶制品的主要因素外，还研究了消费者对于食品安全事件发生后的态度，对可追溯系统的认知程度以及对其的支付意愿。本书主要基于对大城市（以北京为例）居民的访问调查。

3.1　有关食品安全可追溯系统与支付意愿的文献回顾

近年来，可追溯系统已经成为一个相对热门的研究领域，有学者分别对可追溯系统的全球影响和可实现的硬件要求做了相关研究（Borst，1997；GordiJn，Akkermans，2001）。还有一些学者认为信息技术的应用和普及将对产品的可追溯产生里程碑式的意义（Sahin，Dallery and Gershwin，2002）。

一些学者着重研究了消费者领域，特别是消费者对于肉类产品的可追溯系统的态度，这些研究集中在欧洲、美国和加拿大。

根据学者研究，美国的消费者愿意为有追溯系统的牛肉汉堡多支付0.23美元，愿意为符合动物福利原则进行处理的肉类产品多支付0.5美元，愿意为有食品安全保险的产品多支付0.63美元，并愿意为含有以上三种保障的升级型三明治多支付1.06美元。对于猪肉汉堡而言，其支付意愿分别为0.5美元、0.53美元、0.59美元和1.1美元（Dickinson and Beiley，2002）。

霍布斯（Hobbs，2005）研究发现，加拿大消费者愿意为带有可追溯保障的牛肉平均多支付0.33加拿大元，但是相对于单纯的可追溯系统，消费者对同时具有农场信息和食品安全及牛肉品质保障有着更高一些的支付意愿。消费者对于按照动物福利方式进行处理的肉制品也比单纯的可追溯系统有着更高的支付意愿（高约0.27加拿大元）。

在中国，穆建红（2007）研究发现，在禽流感爆发时期，那些对于可追溯系统有一定知识和了解的北京消费者愿意为有可追溯系统标识的鸡肉多支付0.8~1.53元/千克。

3.2 数 据 来 源

本章的数据来源于对北京市消费者的问卷调查。之所以选择北京作为研究点，是因为北京是全国最大的城市之一，同时也是全国人均牛奶消费量最高的地区。在正式实施调查之前，2008年7月到8月期间，调查组针对北京市四个主要城区的城镇消费者进行了预调查。根据预调查的结果，对调查问卷进行了调整。并在同年9月至10月，进行了为期一个月的面对面正式采访调查。根据北京的人口分布和超市分布，选择了海淀区、朝阳区、东城区、西城区、丰台区、宣武区和崇文区等7个城区的家乐福、物美、超市发和京客隆等超市的连锁店作为采访点。正式调查最终共收集到样本250个，其中有效样本为209个。

在样本的选择方面，一方面考虑到中心城区已经涵盖了北京市超过60%的常住人口；另一方面考虑到数据的可获得性，暂时未将距离中心城区较远的外围区县纳入到数据收集的范畴内，我们根据北京市城区的人口分布来分配不同地区的样本数量（见表3-1）。

表3-1　　　　　　　　样本在北京市各区的分布

地点	样本量（N）	占比（%）
海淀区	60	28.7
朝阳区	53	25.3
东城区	18	8.5
西城区	22	10.6
宣武区	17	8.2
崇文区	10	4.8
丰台区	29	13.9
合计	209	100

注：数据调查的当时，东城区与崇文区，西城区与宣武区尚未进行合并，所以调查数据分布仍按照当时的城区结构进行分配。

资料来源：2008年调查数据。

调查对象是北京当地居民或在北京居住超过3年的常驻居民。由于调查问卷基本上是在超市附近开展的，而家庭购物很大程度上是由女性完成的，所以受访者以女性为主（约占69%）。受访者的年龄分布比较均衡，呈现正态分布，比较符合北京市人口的年龄分布，主要的受访者年龄集中在26～35岁，其次是19～25岁和36～45岁。多数受访者受过9年及以上教育，其中约有48.8%的受访者受到本科及以上的教育，受教育水平略微偏高于预期受教育水平，考虑到北京作为首都，且高等院校云集，该现象被认为是合理的。受访者的收入水平主要集中在月收入3000～6000元和6000～10000元的中等或中高等收入人群，只有极少的受访者（约占4%）表示月收入少于1000元（见表3－2）。

表3－2　　　　　　　　　　样本的主要社会属性

	项目	比重（%）
性别	男性	31
	女性	69
年龄	18 岁以下	1.44
	19～25 岁	23.44
	26～35 岁	29.19
	36～45 岁	20.57
	46～55 岁	15.31
	56～65 岁	7.18
	66 岁以上	2.87
受教育水平	小学	0.96
	初中	5.26
	高中	16.75
	大专	28.23
	本科及以上	48.80
个人月收入	1000 元以下	3.83
	1000～3000 元	19.62
	3000～6000 元	28.71
	6000～10000 元	24.88
	10000～15000 元	11.48
	15000～20000 元	4.31
	20000 元以上	3.83
	没有回答	2.87

注：样本量＝209。

资料来源：2008 年调查数据。

　多数被采访者的家庭为 3 口之家，有半数左右的家庭有 16 岁以下的小孩，家里有 65 岁以上老人的家庭仅占受访样本的 1/3 左右（见表3－3）。

表 3 - 3 　　　　　　　　　　　　　样本的家庭构成情况

家庭成员数	
均值	2.91
S. D	1.096112834
家里是否有 16 岁以下小孩	
均值	0.41
S. D	0.662992143
家里是否有 65 岁以上的老人	
均值	0.29
S. D	0.641387827

注：样本量 = 209。
资料来源：2008 年调查数据。

3.3　消费者的牛奶消费习惯

随着现代食品供应链的发展，超市已经成为人们购买日常消费品的第一选择，特别是在像北京这样的大城市，牛奶的消费也不例外。通过调查发现，绝大多数消费者选择在超市购买牛奶，还有少部分消费者选择牛奶配送服务和在便利店购买牛奶（见图 3 - 2）。

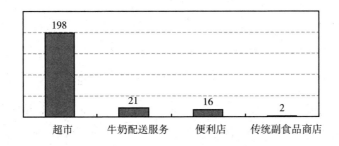

图 3 - 2　消费者购买牛奶的场所
资料来源：2008 年 9 月调查数据。

对于许多家庭来说，每天饮用牛奶已经成为习惯，或者作为早餐，或者在睡前饮用，还有一部分人已经将牛奶作为普通饮料，经常饮用。

对于老年人和青少年而言，牛奶是极佳的钙质来源。受访的多数家庭人家牛奶消费量在 250～500 毫升之间（见图 3 － 3）。

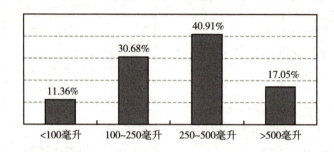

图 3 － 3　消费者人均牛奶消费情况
资料来源：2008 年 9 月调查数据。

　　通过调查发现，影响消费者购买牛奶的最重要的几个因素分别为食品安全状况、生产日期和保质期、营养成分和牛奶的品牌。其中食品安全因素是消费者最为关注的，也是影响消费者购买牛奶的最大影响因素；其次被关注的因素是牛奶的生产日期和保质期，这也表明了消费者对牛奶的新鲜程度十分关注；作为健康食品，牛奶的营养成分和营养含量也受到了极大的关注；消费者在购买牛奶的时候也十分关注品牌，牛奶的品牌是否有名，也是影响购买牛奶的重要因素之一（见图 3 － 4）。牛奶的加工方式、价格、包装的大小以及广告被认为是不太重要的影响因素。值得注意的是，牛奶的广告与牛奶品牌的知名度是被认为关联性比较大的两个因素，然而品牌被认为是重要的影响因素，而广告却被认为是最不重要的影响因素。这主要是由于品牌的推广不仅仅是依靠广告，还可以通过其他形式和渠道。消费者对品牌的知名度要相对认可，对广告的一些夸张的形式却不认可。尽管消费者对牛奶的食品安全因素考虑得最多，但是对与食品安全有关的一些标签却鲜少关注。除了绿色食品标签由于出现时间比较长，已经被消费者所熟知之外，危害分析与关键点控制（HACCP）以及食品安全可追溯系统并不能很好地被消费者认可（见图 3 － 5）。

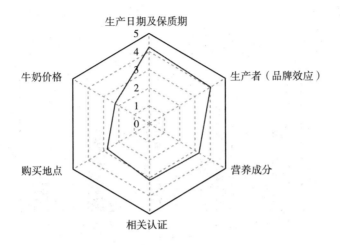

图 3 - 4　消费者在购买牛奶时最先关注的因素

资料来源：2008 年 9 月调查数据。

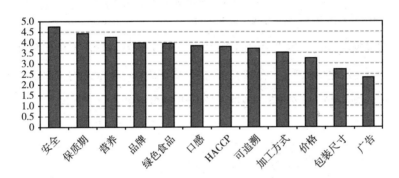

图 3 - 5　影响消费者购买牛奶的因素

资料来源：2008 年 9 月调查数据。

3.4　消费者对于食品安全事件的态度

　　2008 年 7 月，调查组在北京做了一份预调研，而同年 9 月恰巧发生了一次严重的食品安全事件——三聚氰胺事件，同时调查组在 9 月的时候正在开展正式调查，这为研究食品安全事件前后消费者态度的变化提供了一个良好的机会。在事件发生之前的 7 月，消费者对于牛奶的安全状况还是比较有信心的，到了 9 月，态度就发生了颠覆性的变化（见图

3-6)。①

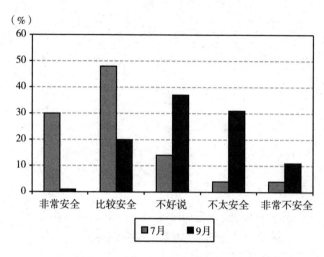

图3-6 消费者在发生食品安全事件之后的态度对比

资料来源：2008年7月和9月的调查。

食品安全事件发生之后，消费者强烈要求政府或者第三方机构对食品安全进行更为严格的监管，有大约31%的消费者表示会暂时不够买牛奶，还有23%的消费者希望能够获得更多的有关所消费食品的信息（见图3-7）。

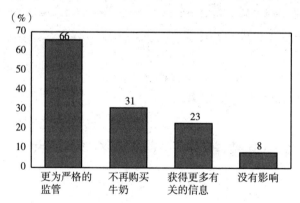

图3-7 消费者对于食品安全事件发生后的反应

注：这个问题的答案为多选。

资料来源：2008年9月的调查。

---

① Xu Y. Nanseki T. Cui Y. H. and Song M. （2010）Good agricultural practice in China. Nanseki T. （Ed）*Food risk and safety in East Asia*，Agriculture and forestry statistics publishing Inc. 101-119.

3.5 消费者对于食品安全可追溯系统的态度和支付意愿

可追溯系统虽然在很多产品中已经得到一些应用，但是关注到这方面的消费者还并不多，在调查过程中，被调查对象大约有42%左右表示听说过可追溯系统，但是了解该系统的人却寥寥无几。但是在对可追溯系统进行一定解释之后，大多数的受访者（87%）认为这个系统是很有必要的（见表3－4）。

表3－4 消费者对于可追溯系统的基本态度

	认为可追溯系统有必要	认为可追溯系统没有必要	合计	认为有必要的比重（%）
听说过可追溯系统	78	11	89	87.6
没有听说过可追溯系统	104	16	120	86.6
合计	182	27	209	87.0
听说过可追溯系统的比重（%）	42.8	40.7	42.5	

资料来源：2008年9月调查数据。

同时我们也发现大约有13%的受访者并不认同可追溯系统，最主要的原因是对系统提供的信息不信任。还有一部分人认为可追溯系统可有可无，不会起什么作用。另外还有3.8%的受访者认为加入这样的追溯系统会让产品价格升高（见表3－5）。这与2008年宋敏等人的研究结果相似，当时的研究是针对猪肉的可追溯系统，消费者对于系统不信任的理由也是担心系统提供的信息为虚假信息。

表3－5 受访者不接受可追溯系统的原因

认为可追溯系统不必要的原因	占比（%）
价格更高	3.8
不信任可追溯系统传递的信息	55.5
并不在意是否有可追溯系统	37.0
其他	3.7

资料来源：2008年9月调查数据。

消费者对于可追溯系统有额外支付意愿（Willingness To Pay，WTP）的程度不同。在认为可追溯系统有必要的182名受访者中，约有30%表示，一旦加入可追溯系统的产品价格比一般产品高，他们也不会接受。在剩下的70%左右的受访者可以接受价格升高，但是接受程度较少，接受价格仅在有限范围内略有增加。大约有4%左右的受访者表示，如果在这一系统的保障下能够提供优质的产品，那么他们愿意支付较高的额外费用，比如说比一般产品的基准价格高出三倍及以上（见表3-6）。这说明了消费者虽然能够接受一定程度上的提价，认为可追溯系统有一定程度上的价值体现，并愿意为此支付，但这个比重应该是很低的，大多数成本需由政府部门和生产企业共同承担，转嫁到消费者身上的成本应该仅仅是很小的一部分。这也是消费者期待包括政府部门在内的诸多部门对食品安全和相应的保障措施拿出更多的担当和责任。

表3-6　　　　　　　　可追溯系统的初步支付意愿

价格	n	百分比（%）
1.70元＊（基础价格）	56	31.1
1.90元	62	34.4
2.20元	25	13.8
2.50元	20	11.1
2.80元	8	4.4
3.20元	2	1.1
3.60元	1	0.5
4.00元	0	0.0
4.60元	3	1.6
5.20元	2	1.1
6.00元	0	0.0
高于6.00元	1	0.5
合计	182	100

注：＊将250毫升每袋牛奶作为基础，设定的基准价格为每袋牛奶1.70元人民币。
资料来源：2008年9月调查数据。

为了进一步了解消费者对于以牛奶为载体的可追溯系统的支付意愿，以及与其相应的社会属性之间的关系，我们采用选择实验对消费者数据进行深入分析。主要是采用条件逻辑回归（Conditional Logit Model，CLM）

和多项逻辑回归（Multional Logit Model，MLM）进行具体的数据分析。

选择实验通过将研究对象划分为若干个特征和级别来辨别和量化消费者对于这种非市场物品的研究对象的支付意愿，比如本书的可追溯系统。这一方法最先被卢维埃和伍德沃斯（Louviere and Woodworth，1983）[①]以及安德莫瓦兹和卢维埃等人（Adamowicz，Louviere and Swait，1994）[②]所应用，并在 2000 年由卢维埃和亨舍尔（Louviere and Hensher，2000）对这一方法进行了系统描述[③]。这种方法最先应用于市场调查，特别是交通工具的选择以及环境问题的研究中。近年来更为广泛地应用于非市场物品（non-market goods）。在本书中，将采用这种方法来衡量和计算消费者对于可追溯系统的支付意愿，根据正交矩阵，本调查设计了 36 个选择组，并分配在 6 个系统的调查问卷中。

在本书中，牛奶被划分为四个属性，每个属性有若干个级别。在选择试验中，牛奶杯假设为一般品，四个属性分别为农场信息、兽药使用信息、加工企业信息和 250 毫升牛奶的价格（见表 3 - 7）。

表 3 - 7　　　　　　　　　问卷中的选择设定

	选择 A	选择 B	选择 C
牧场及相关信息	文字信息 + 图片	仅文字信息	
兽药使用信息	所有的兽药使用记录	不含有兽药使用记录	我选择我最常
加工企业信息	仅文字信息	文字信息 + 图片	购买的牛奶
250 毫升牛奶的价格	价格不变 *	比基础价格贵 0.2 元	
我的选择			

注：* 价格不变代表基础价格，即 1.70 元/250 毫升。

①　Louviere，J. J. and Woodworth G.（1983）. Design and Analysis of Simulated Consumer Choice or Allocation Experiments：An Approach Based on Aggregate Data，*Journal of Marketing Research.* 20，350 - 367.

②　Adamowicz W.，J. Louviere and J. Swait（1994）Combining Revealed and Stated Preference Methods for Valuing Environmental Amenities. *Journal of Environmental Economics and Management* 26，pp. 271 - 292.

③　Louviere J.，Hensher D. and Swait J.（2000）. *Stated Choice Methods：Analysis and Application.* Cambridge University Press.

选择实验的理论基础来源于随机效用模型。每个个体的效用可以表示为：

$$U_{ij} = V_{ij} + \varepsilon_{ij}$$

这里 V_{ij} 表示被观察对象的选择，而 ε_{ij} 则表示误差项。

当选项 j 优于选项 $hU_{ij} > U_{ih}$，个体 i 的第 j 个选项的概率可以被定义为：

$$\pi_{ij} = Pr\{V_{ij} + \varepsilon_{ij} \geqslant V_{ih} + \varepsilon_{ih} ; \forall h \in C\},$$

这里 C_i 是个体 i 的选择组，而 V_{ij} 是在直接条件下的效用，表现为线性形式：

$$V_{ij} = \beta_0 + \beta_1 x_1 + \beta_2 x_2 + \cdots + \beta_n x_n$$

这里 $\beta_1 \sim \beta_n$ 是各个属性的系数向量。假设误差项服从冈勃分布（Gumble Distribution），那么选项 j 的概率为：

$$\pi_{ij} = \frac{\exp(v_{ij})}{\sum_{j \in C} \exp(v_{ij})}$$

边际价值，即边际支付意愿（Margin Willingness To Pay，MWTP）的计算可以写为一般属性的系数与价格属性系数的比值的负数：

$$MWTP = \frac{-\beta attibute}{\beta price}$$

选项 C 被选择时，设定为 0，而其他选项（选项 A 或者 B 被选择的场合下）被选择时设定为 1。本书是应用计量软件包 LIMDEP 8.0 NLOGIT4.0 对数据进行分析的。

在调查中，受访者被问及他们对于可追溯系统的态度以及一些相关的问题。表 3 - 8 显示的是在选择实验中需要应用到的商品属性变量，表 3 - 9 显示的是选择实验中的非商品属性变量（即社会属性变量）。商品属性变量主要是指可追溯系统中可以提供的信息和信息的层级，而非商品属性变量主要是指受访者的社会经济信息，在选择实验中，通过模型 1 的条件逻辑模型反映仅在商品属性变量条件下消费者的边际支付意愿，通过模型2多项逻辑模型反映加入非商品属性变量后，这些社会经济信息变量对支付意愿的影响。

表3－8　　　　　　　　　选择实验中的属性变量解释

变量	代码及解释
ASC	
FARM INF	1＝农场的文字信息，0＝没有信息
FARM INF＋PIC	1＝农场的文字信息＋图片信息 0＝没有信息
ANTIBIOTIC RECORD	1＝抗生素记录，0＝无记录
ALL MEDICINE RECORD	1＝所有兽药记录，0＝无记录
PROCESSING INF	1＝加工企业的文字信息 0＝没有信息
PROCESSING INF＋PIC	1＝文字信息＋图片信息，0＝没有信息

表3－9　　　　　　　　　选择实验中非属性变量的解释

变量	解释	代码
GENDER	性别	0＝男性，1＝女性
AGE	年龄	1＝≤18，2＝19～25，3＝26～35，4＝36～45，5＝46～55，6＝56～65，7＝≥66
EDU	受教育水平	1＝小学，2＝初中，3＝高中，4＝专科/技校，5＝大学及以上
FAM	家庭成员	家庭成员数量
KID	孩子的数量	小于18岁的青少年
OLD	老年人的数量	大于60岁的老年人
INCOME	月收入	1＝<1000，2＝1000～3000，3＝3000～6000，4＝6000～10000，5＝10000～15000，6＝15000～20000，7＝>20000

如表3－10所示，消费者对于由文字和图片共同构成的牧场/养殖场的信息比仅有文字信息有着更高的边际支付意愿（2.27vs2.03），这说明消费者希望能有来自养殖环节的更详细、更直观的信息。对于兽药使用环节，消费者显示了一个非常高的边际支付意愿，对于仅有抗生素记录的边际支付意愿为2.95，而对更详细丰富的兽药使用记录的边际支付意愿更高达3.69。这一结果比基准价格（1.70）高出一倍，也高于我们原有的预期。考虑原因，一方面，新闻媒体有关动物制品抗生素残

留、特别是牛奶制品中抗生素的残留频频见光，引起了消费者的关注；另一方面，在做调查的时点爆发了严重的食品安全事件（即三聚氰胺事件），让消费者对于这一环节更为忧心。这些因素有可能导致了模型结果要高于预期。在有关加工企业的环节，消费者对其的边际支付意愿要远低于前两个属性，对仅文字信息的边际支付意愿为 0.87，对文字与图片信息的支付意愿只有 0.39，甚至是不显著的。考虑原因可能是消费者对于奶牛养殖环节的了解虽然不多，但是对牛奶加工环节却有着相对更清晰的认知，他们可能通过广告、新闻、互联网等方式和媒介了解到更多加工企业的信息，尤其是对一些知名度较高的品牌企业。所以消费者对这方面的信息需求反而不太高。

表 3-10   边际支付意愿的估计结果

变量名称	模型 1 的估计值 （不包含非属性变量）	模型 2 的估计值 （包含非属性变量）	边际支付意愿
ASC	-0.674 ***	-0.443 ***	-2.07
FARM INF	0.659 ***	0.654 ***	2.03
FARM INF + PIC	0.741 ***	0.735 ***	2.28
ANTIBIOTICS RECORD	1.202 ***	1.206 ***	3.69
ALL MEDICINE RECORD	0.961 ***	0.960 ***	2.95
PROCESSING INF	0.282 *	0.274 *	0.87
PROCESSING INF + PIC	0.127	0.121	0.39
PRICE	-0.325 ***	-0.312 ***	
GENDER × PRICE		-0.0023	
AGE × PRICE		-0.029 ***	
EDU × PRICE		0.036 ***	
FAMILYNO × PRICE		-0.247	
KID × PRICE		0.022	
OLDPPL × PRICE		-0.001	
INCOME × PRICE		0.002 *	
Rho-square	0.265	0.287	
Adjusted rho-square	0.262	0.277	
Number of observations	1254	1254	

注：***、** 和 * 分别代表在 1%、5% 和 10% 的水平上显著。

资料来源：2008 年 9 月调查数据，通过 LIMDEP 8.0 NLOGIT4.0 计算获得。

表 3 - 10 还体现了非属性变量，即受访者的社会经济信息对支付意愿的影响结果。其中年龄和受教育程度在 1% 水平显著，而收入仅在 10% 水平显著，其他因素对支付意愿的影响不显著。年龄的影响为负，这说明年轻人更容易接受可追溯系统这类新鲜事物。受教育程度的影响为正，说明受过相对较高教育程度的受访者更易接受可追溯系统。收入的影响也为正，但是这方面的影响并不强烈，这可能说明在一定收入水平下，人们对于食品安全的关注和对可追溯系统的关注程度并不会因为收入的差距而体现出太大的不同。

3.6　小　结

本章对大城市（以北京为例）消费者的牛奶消费习惯、对食品安全事件的反应，以及对农产品可追溯系统的态度进行了分析，结果表明，牛奶作为近十几年来才逐渐兴起的畜产品，消费者更习惯通过现代物流系统来购买牛奶。然而，食品安全事件的发生对消费者的消费信心产生了负面影响。研究结果还表明，可追溯系统作为一个新兴事物，即便是北京的消费者对可追溯系统也知之甚少，但大多消费者对可追溯系统持有积极的态度。对可追溯系统的信息来源的监管，消费者仍然心存疑虑，对其的支付意愿也比较有限，所以保证食品安全、避免信息不对称是必要的，对可追溯系统的信息监督十分重要，这才能让消费者对于信息来源、信息的可信度有所认可。

消费者关注动物药品使用记录，特别是抗生素的信息，有更高的支付意愿。此外，人们也关心农场的信息。因此，提供这些信息可能会增加消费者对他们所消费的食品的信心。这些年轻、受过高等教育和收入较高的人更容易接受可追溯系统，并有更高的支付意愿。但收入不是影响支付意愿的一个很强的因素。

　　虽然在中国大多数奶农都是个体经营者，目前仍然很难兴建有可追溯系统的奶牛场，然而，根据中国奶业年鉴，小型农场占用减少，大农场占地越来越多，信息记录和可追溯系统在乳品行业的应用将越来越广泛。

第 4 章

奶农的风险与风险管理分析

4.1　研究背景

中国是世界上第三大牛奶生产国，仅次于美国和印度。政府鼓励农户养殖奶牛，一方面可以帮助农户增加收入；另一方面也为城乡居民提供优质的健康食物，改善居民饮食结构。然而一系列风险的发生不仅给消费者带来影响，更给养殖户们带来巨大的损失。奶农作为食物供应链中最为薄弱的环节，受到的影响可能是最大的。所以了解并分析奶农的风险以及他们的风险应对方式，有可能帮助他们减少风险带来的损失。

本章主要分析奶农的风险认知和风险管理策略。美国农业部经济研究局对农业风险进行了定义，认为风险是通过不确定性来影响个人和整体的福利，而且风险往往是与灾难和损失相关。为应对风险，农民应该在风险管理选项中做出选择，以减少风险的影响。本章研究的主要目标是：了解分析奶农对风险的感知和奶农对风险的管理应对策略。

4.2　国内外研究回顾

农业生产具有固有的风险，农业的产出取决于气候、生物等方面的条件，而生产者对于市场风险的管控也十分有限（Fleisher，1990）。[1]
在畜牧业中，养殖户所面临的风险与种植业大有不同，本章主要关注奶牛的风险以及风险应对措施。在国外有一部分研究对农业的风险进行了分析。美国农业部（United States Department of Agriculture）旗下的经济管理局（Economics Research Service，ERS）在 1997 年对美国的相关领域的研究进行了综述。美国的奶牛最担忧的风险依次是牛奶价格的波动、生产风险以及国家政策层面上相关法律与规定的变化。[2] 例如在亚利桑那州，奶农将机械投入所带来的成本视为最大风险（Wilson et al.，1988）[3]。而在新西兰，奶农则将牛奶价格波动和气候变化中的降雨变化视为最大风险（Martin，1996）[4]。Meuwissen 等在 2001 年发现，荷兰的养殖户也将价格与生产风险视为最大的两个风险。[5] 在日本，养殖户最担忧的风险是由于动物疾病引起的动物死亡带来的损失（Nanseki，2011）。[6]

在应对风险的方式与手段方面，美国农业部经济管理局（1997）发现，对于不同畜种、不同规模、不同地区的农场来说，手中持有尽可能多的现金可以应对各种风险。运用各种保险手段也是非常重要的应对风险的方式。而另一方面，尽量减少动物疫病的发生也被视为最有效的应对手段。荷兰的研究发现，养殖户会尽量将生产成本降至最低并通过农业保险来应对风险（Meuwissen，2001）。

---

① Fleisher, B. Agricultural Risk Management. Lynne Rienner Publishers Inc. USA. (1990), pp. 201 –232.

② Economic Research Service (ERS), U. S. Department of Agriculture (1997). Agricultural Economic Report No. 774. Managing Risk in Farming: Concepts, Research, and Analysis. Available at http: //www. nal. usda. gov/ref/USDApubs/aer. htm.

③ Wilson, P. N. , Luginsland T. R. and Armstrong D. V. (Risk Perceptions and Management Responses of Arizona Dairy Producers. *Journal of Dairy Science*, 1988) 71: 545 –551.

④ Martin S. Risk Management Strategies in New Zealand Agriculture and Horticulture. *Review of Market and Agricultural Economics*, (1996) 64: pp. 31 –44.

⑤ Meuwissen M. P. M. , Huirne R. B. M. , and Hardaker J. B. Risk and Risk Management: An Empirical Analysis of Dutch Livestock Farmers. *Livestock Production Science*, (2001) 69: 43 –53.

⑥ Nanseki T. Management of Risk and Information in Agriculture. Agriculture and Forestry Statistics Publishing Inc. Japan (in Japanese) (2011), pp. 113 –115.

在中国，相关的研究开展比较笼统，一般体现在产业整体的层面上，或者是经验层面上的分析。康国祥（2008）认为，农村奶农养殖户所面临的几大风险依次是成本的上涨、疫病的蔓延以及奶价的不确定性，但是对奶农对于风险的应对，文章并没有体现。[①] 卜卫兵等（2007）指出，尽管奶牛业是高投入、高产出的畜牧行业，但是我国的养殖模式是农户分散养殖，这种养殖特点是规模小、主体分散、养殖效率低，与国际奶牛业水平相比，我国的良种繁育、饲养环境和安全卫生等方面还是比较落后，使得奶农分散经营的奶牛单产低于养殖小区、牧场的生产水平，而且质量不高。[②] 吴洋（2009）认为，食品安全问题是中国奶业当前面临的最大风险，而缺乏完善的法律法规、奶牛养殖水平低下则是造成产业风险的原因。[③] 陈天霞（2011）运用层次分析和模糊综合评判相结合的方法，对我国奶业生产风险程度大小进行了判定，结果表明，我国奶业生产风险总体评价值为 74.94408，处于值得关注的风险状态。[④] 这些研究主要是从产业层面上来进行分析，却很少针对微观主体农户的风险进行深入的调查。因此，本书的重点将放在奶农个体遇到的风险与风险应对措施上。

4.3 数据来源与研究方法

4.3.1 问卷设计与研究方法

在调查过程中，样本农户需要针对他们养殖奶牛过程中遇到的风险

[①] 康国祥：《农村奶牛养殖中奶农所承受风险的几点思考》，载于《畜牧兽医杂志》2008年第 1 期。

[②] 卜卫兵等：《乳品加工业与原料奶供应商合作效率分析》，载于《农业经济问题》2007年第 6 期。

[③] 吴洋：《内蒙古乳业风险因素研究》，内蒙古农业大学硕士论文，2009 年。

[④] 陈天霞：《我国奶业生产风险因素分析与防范研究》，中国农业科学院硕士学位论文，2011 年。

以及风险的应对措施进行排序，并对其重要程度进行判断，本书的调查问卷是在前人的研究基础上，结合中国的现状进行修正和调整，最后设置了19个风险和15个风险应对措施（见表4-1和表4-2）。

表4-1　　　　　　　　　　奶农可能遇到的风险项目

项目	没影响				影响非常大	遇到过	
消费者喜好的变化	1	2	3	4	5	是	否
牛奶价格的波动	1	2	3	4	5	是	否
奶牛的乳房炎的发生	1	2	3	4	5	是	否
哮喘病等传染病	1	2	3	4	5	是	否
口蹄疫等传染病	1	2	3	4	5	是	否
兽药使用不当和兽药残留	1	2	3	4	5	是	否
一些相关食品安全风险的发生	1	2	3	4	5	是	否
有关食品安全的负面报道	1	2	3	4	5	是	否
奶产量发生变化	1	2	3	4	5	是	否
牛奶收购价格发生变化	1	2	3	4	5	是	否
玉米产量发生变化	1	2	3	4	5	是	否
玉米价格发生变化	1	2	3	4	5	是	否
其他作物的产量发生变化	1	2	3	4	5	是	否
其他作物的价格发生变化	1	2	3	4	5	是	否
一些投入成本增加	1	2	3	4	5	是	否
技术发生变化	1	2	3	4	5	是	否
政府的支持政策发生变化	1	2	3	4	5	是	否
家庭成员的健康问题	1	2	3	4	5	是	否
火灾、洪水、干旱等其他灾害	1	2	3	4	5	是	否
其他	1	2	3	4	5	是	否

表4-2　　　　　　　　　　奶农会选择的风险应对措施

项目	不重要				非常重要	使用过	
生产合约——订单式生产	1	2	3	4	5	是	否
常备现金在身边	1	2	3	4	5	是	否
咨询科技推广人员	1	2	3	4	5	是	否
参加科技推广培训项目	1	2	3	4	5	是	否
畜舍并不单一使用	1	2	3	4	5	是	否

续表

项目	不重要			非常重要		使用过	
租用机器而不是购买	1	2	3	4	5	是	否
和别人一起购买设备	1	2	3	4	5	是	否
打工	1	2	3	4	5	是	否
收集有关信息	1	2	3	4	5	是	否
增加科技使用	1	2	3	4	5	是	否
参加农民合作组织	1	2	3	4	5	是	否
预防牲畜疾病	1	2	3	4	5	是	否
购买农业保险	1	2	3	4	5	是	否
减少生产规模——卖掉奶牛	1	2	3	4	5	是	否
尽可能以最低的成本进行生产	1	2	3	4	5	是	否
其他							

为了更好地了解养殖户所面临的风险和风险应对措施，本章使用了五级量化的方法。农户需要针对遇到的风险和采取的措施分级量化，一级表示最不重要，而五级表示最重要。首先采用描述分析法对养殖户遇到的风险和采用的风险应对措施进行分析。本章还应用主成分分析法（Principle Component Analysis，PCA）将大量风险和风险应对措施进行数据分析。PCA是一种多元技术分析数据表，观察是由几个相互关联的定量变量描述（Herve and Lynne，2010）[①]。它的目标是从数据中提取重要的信息，并将多重变量进行降维，表示为一组新的正交变量称为主要成分，并在图表中显示相似变量。PCA适合将众多风险和风险应对措施中将主要问题抽取出来，并且不会损失任何信息。此外，该方法在类似的研究中被广泛应用，所以本书也采用这一方法进行数据分析和挖掘。所有分析采用SPSS13.0版本进行操作。这种方法常被用在许多类似的研究前。所有的分析包括主成分分析采用SPSS 13进行（SPSS 2007 for Windows）。

其中，保持资金有较好的流动性成为应对风险的首选：在很多研究

---

① Herve A，Lynne JW. Principal Component Analysis. Wiley Interdisciplinary Review：Comupational Statistics 2010，2（4）433－459.

中都发现，农户会尽量保持多一些的现金回笼到自己手上，以应对各种可能的突发或常规风险。

以最低成本进行生产：这里多指农户在遇到麻烦和风险时，会将可变成本降到最低，例如，饲养过程中，以最低限度的饲料进行喂养，仅保持动物存活，而不是育肥或产奶，从而减少饲料的使用。

减少和避免动物疫病的发生：这里指除了国家进行强制和免费免疫之外，农户所想到的预防和控制一些疾病的手段，如给动物的饲料中添加提高抵抗力的中草药、利用人药代替兽药，从而减少或降低疾病发生的几率。

4.3.2　数据来源与调查

调查于 2010 年 4 月和 6 月分别在内蒙古和河北两地开展，并最终获得 168 个农户样本。选择内蒙古与河北作为调查地点的理由是，首先，内蒙古和河北分别是中国牛奶产量第一和第三大产区，对于奶牛养殖户而言，非常具有代表性；同时两地也是中国的粮食主产区，说明两地的奶农可能获得相对丰富的饲草料。在调查过程中，受访农户以男性为主（户主），大多数受访农户的受教育水平仅仅是完成了义务教育甚至更少（见表 4 – 3）。

表 4 – 3　　　　　　　受访农户的主要情况

项目			项目		
性别	男性	69%	受教育水平	文盲	13%
	女性	31%		小学	26%
受访农户的平均年龄		42		初中	41%
				高中	17%
养殖奶牛的年均产量		3952 千克		大学及以上	3%

注：样本量 = 168。

资料来源：2010 年实地调研。

多数样本养殖户为小规模养殖户，一般饲养规模不超过 20 头奶牛，更多的农户只有十几头甚至只有几头奶牛。受访的样本养殖户多数为兼业养殖户，即饲养奶牛的同时还从事种植业，一般来说，以种植玉米为主，这些玉米仅有少量作为商品出售，多数用来作为饲料喂养奶牛。与美国及欧盟等发达国家和地区相比，本章所采访的养殖户的奶牛，以荷斯坦与本地牛的二元杂交为主，年均产奶量不足 4000 千克，与发达国家每头奶牛年均产奶量在 1 万千克的水平相比还是相差甚远。

4.4　数据分析与结果

4.4.1　养殖户的风险认知

表 4 - 4 显示了河北和内蒙古两地的样本养殖户对于风险的认知。如表 4 - 4 所示，牛奶价格的波动被两地农民视为最大的风险。一般来说，价格波动和生产风险是影响奶农最大的风险。在内蒙古地区，牛奶价格的波动、口蹄疫以及玉米价格的波动是排在前三位的风险。而对于河北的养殖户，情况略有不同。除了牛奶价格波动和口蹄疫风险之外，食品安全事件的发生对于当地养殖户所造成的影响也十分巨大。2008 年的三聚氰胺事件主要发生在河北省，该事件的发生最终导致了本地品牌"三鹿"的破产，从而严重影响到了本地养殖户的生产。养殖户遇到了前所未有的卖奶难的境遇。如此严重的食品安全事件，对当地的某一特定食品生产将在一个相当长的时间内（如超过 1 年）产生负面影响。

主产品价格的波动、动物疫病特别是口蹄疫成为养殖农户遇到的最主要风险，而这一结果与许多其他国家已有研究的结论非常相似。主产品价格的波动主要来自终端市场，养殖户没有定价权，成为生产链条中最为弱小的一环。而动物疫病一旦发生，特别是传染病，农户将有可能面临大规模扑杀所养殖动物的局面，而此时可能带来的损失也是十分巨大的。

表4-4　　　　　　　　样本农户的风险认知情况

项目	针对所有地区		河北		内蒙古	
	均值	排名	均值	排名	均值	排名
牛奶收购价格发生变化	4.86	1	4.89	1	4.82	1
有关食品安全的负面报道	4.47	2	4.78	2	4.01	4
口蹄疫	4.42	3	4.31	4	4.57	2
一些相关食品安全风险的发生	4.41	4	4.74	3	3.93	6
玉米价格发生变化	4.15	5	4.19	5	4.09	3
奶牛的乳房炎的发生	3.83	6	3.82	7	3.84	7
兽药及兽药添加剂的滥用	3.70	7	3.67	9	3.74	8
其他作物价格的波动（作物饲料）	3.67	8	4.04	6	3.22	11
玉米产量的波动	3.65	9	3.41	10	3.99	5
其他作物产量的波动（作物饲料）	3.31	10	3.37	11	3.12	13
奶牛哮喘病	3.30	11	3.11	12	3.59	9
火灾、洪水等自然灾害	3.23	12	3.76	8	2.46	18
家庭成员的健康问题	3.21	13	3.07	13	3.41	10
牛奶产量的波动	3.10	14	3.06	14	3.16	12
一些投入成本增加	2.62	15	2.38	15	2.97	15
国家的支持政策发生变化	2.58	16	2.31	16	2.99	14
奶牛饲养技术发生变化	2.38	17	2.28	17	2.53	16
消费者的消费偏好发生变化	2.36	18	2.26	18	2.51	17
难以获得贷款	1.73	19	1.61	19	1.91	19

资料来源：2010年实地调研。

与发达国家所做的研究结论不同的是，奶牛的乳房炎在发达国家并不是十分严重的疫病，对于农户来说也不是十分重要的风险，但是对于中国的农户来说，这仍然是困扰他们的大问题。在调查中，奶牛乳房炎的发生在样本养殖户中非常频繁，几乎所有的养殖户都遇到过这个问题。而一旦发病，就会导致牛奶产量和品质都有所下降，从而影响养殖户的收益。通过文献分析发现，在牛奶生产相对发达的国家，奶牛的饲养已经达到规模化，机械化程度较高，人工操作的情况已经非常少见，完善的饲养管理、消毒等让这类疾病相对少见。而在中国，由于规模小、养殖水平相对落后，特别是在机械消毒、饲料处理、初级防疫、牛奶挤取等方面与发达国家还存在距离，这不仅导致了我国单头奶牛的年均产量相对较低，更使得包括乳房炎在内的非传染性动物疾病仍然高发。比如全混合日粮技术（Total Mixed Ration，TMR）在发达国家的奶牛饲养中已经全面应用，但是在中国，尽管有不少大规模养殖户或者养殖企业已经开始采用，但是对于广大的小规模饲养户而言，这一技术仍然有些陌生，有些养殖户表示尽管听说过这一技术，但是在操作上仍然不熟悉。一些旧式的、不恰当的饲养与管理方式让乳房炎这一的疾病更易发生。与此同时，由于此类疾病的发生往往导致大量动物抗生素的使用，而这样的抗生素使用在发达国家并不常见。

表 4 - 5　　　　　　　　　　　风险来源的正交因子值

项目	主成分						
	生产风险	机构性风险	动物疫病	投入品市场风险	牛奶食品安全风险	个人风险	产出品市场风险
其他作物产量的波动（作物饲料）	**0.834**	0.286	- 0.019	0.102	- 0.029	- 0.004	- 0.012
一些投入成本增加	**0.810**	0.347	- 0.088	0.218	0.247	0.061	- 0.009
火灾、洪水等自然灾害	**- 0.796**	0.057	- 0.029	- 0.055	- 0.118	- 0.151	0.008
玉米产量的波动	**0.715**	0.260	- 0.182	- 0.090	- 0.083	- 0.139	- 0.426
一些相关食品安全风险的发生	**- 0.507**	0.208	0.436	0.173	- 0.426	- 0.218	0.123
国家的支持政策发生变化	- 0.112	**0.888**	0.060	- 0.218	0.043	- 0.086	- 0.038
奶牛饲养技术发生变化	0.406	**0.578**	0.362	0.032	- 0.079	0.400	- 0.033
奶牛哮喘病	0.080	0.101	**0.866**	- 0.078	0.135	- 0.058	- 0.094
兽药及兽药添加剂的滥用	- 0.014	- 0.212	**0.800**	0.276	0.140	0.167	0.068
口蹄疫	0.297	0.242	**- 0.725**	0.008	- 0.181	0.223	- 0.179
奶牛乳房炎	0.012	- 0.017	**0.644**	- 0.242	0.040	- 0.146	- 0.118
玉米价格变化	0.186	0.000	0.084	0.785	0.059	- 0.243	0.197

续表

项目	主成分						
	生产风险	机构性风险	动物疫病	投入品市场风险	牛奶食品安全风险	个人风险	产出品市场风险
其他作物价格变化（作物饲料）	-0.396	0.325	0.012	0.724	-0.220	-0.061	0.034
难以获得贷款	0.133	0.372	0.298	-0.559	0.373	0.153	0.332
有关食品安全的负面报道	-0.479	0.176	0.443	0.111	**-0.553**	-0.092	0.149
家庭成员的健康问题	0.044	0.061	-0.482	-0.092	0.147	**0.692**	0.210
消费者的消费偏好发生变化	0.061	-0.161	0.096	-0.209	-0.063	-0.129	**0.799**
牛奶产量发生变化	0.093	0.263	0.171	0.321	0.414	0.087	**-0.565**
牛奶收购价格发生变化	-0.133	0.225	-0.031	0.247	-0.087	-0.014	**0.753**
累计方差可解释变量占比（%）	24.329	37.776	48.647	57.693	65.344	71.933	**77.419**

成分抽出方法：主成分分析法。因子值的绝对值大于 0.5，用黑体表示。
资料来源：2010 年实地调研。

表 4-5 表示的是采用 PCA 之后，风险来源的方差正交因子表。在采用 PCA 之前，我们检测了样本额充分性，在 SPSS 中，样本的充分性是通过 KMO 来检测的，一般来说 KMO 值应该在 0～1 之间，当其高于 0.5 时，说明这组数据是适合使用 PCA 的（Chow，2004）。[1] 风险来源的 KMO 值为 0.517，说明这组数据可以采用 PCA 方法进行分析。通过 PCA 分析，我们得到 7 个标准根大于 1 的主要成分，且 7 个主要成分可以在 77.4% 的水平体现数据的有效性，而这一结果在社会科学领域被认为是可以接受的（Hair et al.，1995）。[2]

根据表 4-5 中所示的因子，这些风险因素可以分别被称为生产风险、产出品市场风险、机构性风险、动物疫病、投入品市场风险、牛奶质量安全风险以及个人风险。

首当其冲的是生产风险，主要的因子包含饲料投入的一些变化，还

---

① Chow, W. An Exploratory Study of the Success Factors for Extranet Adoption in E-supply Chain. *Journal of Global Information Management*, (2004) 12.1: 60-67.

② Hair, J. F., R. E. Anderson, R. L. Tatham and W. C. Blac (1995) *Multivariate Data Analysis*. Macmillan Publishing Company, New York.

有一些投入成本的增加。一些灾害性风险以及相关食品安全事件的发生显示出较高的负值，我们考虑由于这些风险因素来自牛奶生产的外部，所以这些因素表现出较高的负值。

来自政府部门的支持政策的变化以及技术方面的革新都被归为机构性风险。不过在中国，主要的农业技术进步与改进来自政府主导的科研机构，所以技术方面的革新被归属到机构性风险中。

动物疫病风险包括口蹄疫、乳房炎、哮喘病等疫病风险，也包括兽药的不恰当使用、兽药残留等方面。尽管口蹄疫一旦爆发可能造成的损失十分巨大，但是在中国，口蹄疫的防疫是由政府向养殖户免费提供的，且每年两次，春秋两季防疫，所以分析这是该因子的因子值为负的原因。但是类似乳房炎和奶牛的哮喘病这类一般疾病却并不在免费防疫的系统中。

玉米价格以及其他可以作为饲料的作物价格的变化被归入投入品市场风险中，这与生产风险略有不同。而牛奶的食品安全风险揭示了河北省的情况，由于若干年前的三聚氰胺事件，河北省的牛奶养殖业受到了巨大的冲击，且冲击事件较长。消费者的消费偏好变化以及牛奶收购价格的变化被归类到产出品市场风险中，牛奶的产量与牛奶价格呈反向变化，所以牛奶产量这一因素的因子值呈负值。最后还有一些个人风险。

4.4.2 养殖户的风险应对措施分析

尽量以最低成本来开展生产以及尽量减少动物疫病的发生是农户应对风险的主要方式。在调查中还有一些额外的发现，为了减少动物生病，农户想出了很多方法，在饲料中加入一些中草药以增加奶牛的抵抗力；或者用人用药物代替兽药，从而减少兽药可能产生的副作用以及大量抗生素使用可能导致的兽药残留（见表4－6）。

表4-6 样本农户的风险管理应对情况

项目	全部		河北		内蒙古	
	均值	排名	均值	排名	均值	排名
尽可能以最低成本进行生产	4.76	1	4.81	1	4.68	2
预防牲畜疾病	4.76	2	4.76	2	4.75	1
咨询科技推广人员	4.6	3	4.64	3	4.54	3
常备现金在身边	4.24	4	4.17	4	4.35	4
打工	4.14	5	4.14	5	4.15	5
收集有关信息	3.7	6	3.77	7	3.60	6
参加科技推广培训项目	3.63	7	3.85	6	3.30	8
和别人一起购买设备	3.53	8	3.67	8	3.32	7
租用机器而不是购买	3.05	9	3.14	9	2.92	11
参加农民合作组织	2.99	10	2.88	10	3.14	9
生产合约——订单式生产	2.83	11	2.72	11	2.98	10
畜舍并不单一使用	2.68	12	2.72	12	2.63	13
增加科技使用	2.63	13	2.45	13	2.88	12
购买农业保险	2.06	14	2.09	14	2.01	14
减少生产规模——卖掉奶牛	1.54	15	1.45	15	1.57	15

资料来源：2010年实地调研。

与国外的研究有类似结果的是，中国的农户也认为保持资金良好的流动性——让手头尽量宽裕，才能应对各种风险。然而，由于所调查的农户以小规模的养殖户为主，一些在国外的文献中经常被发达国家地区的农户用到的应对措施，在中国并不流行，比如农户合作组织的开展、农业保险项目的应用。在美国，大规模的养殖户会非常重视保险的作用，并将其视为主要的风险应对措施（Patrick and Musser，1997）[1]。一般来说，不到万不得已，农户不会轻易卖掉或者杀掉奶牛退出这个行业，这表明即便遇到一些风险，农户不会轻易放弃这一养殖项目。

同研究风险来源一样，在分析应对风险管理措施之前，我们也计算

① Patrick, G. F. and W. N. Musser Sources of and responses to risk: factor analysis of large - scale US corn – belt farmers. Purdue Agricultural Economics Report (PAER) (1997).

了这部分的 KMO 值，而其 KMO 值为 0.512，也认为是可以接受的。

如表 4-7 所示，最终有 6 个主要因素其标准根大于 1，15 个风险应对方式可以最终归结到 6 个主要影响成分，而且 6 个主要成分可以解释 80% 的变量。这些因素可以分别被描述为：降低成本，稳定收益，增加农民收入，农民合作组织，保险以及农业咨询与推广。

表 4-7　　　　　　　　　　风险应对措施的正交因子值

项目	主成分					
	降低成本	稳定收益	提高养殖户收入	农民合作组织	农业保险	农业技术资讯与推广
和别人一起购买设备	**0.843**	0.086	0.056	-0.145	0.223	-0.100
畜舍并不单一使用	**0.815**	-0.143	-0.019	-0.008	-0.057	0.116
增加科技使用	**-0.719**	0.210	-0.189	0.320	0.108	-0.208
租用机器而不是购买	**0.582**	0.462	**0.588**	-0.010	0.055	0.080
生产合约——订单式生产	0.005	**0.893**	0.008	0.028	-0.115	-0.084
常备现金在身边	-0.211	**0.816**	-0.218	0.326	-0.044	0.127
打工	-0.024	-0.070	**0.909**	0.074	-0.055	-0.039
收集有关信息	0.443	-0.254	**0.641**	0.039	0.156	0.283
参加农民合作组织	-0.069	0.058	0.011	**0.937**	-0.004	-0.082
预防牲畜疾病	0.119	-0.155	0.211	0.065	**0.814**	-0.195
购买农业保险	-0.041	0.017	-0.210	-0.106	**0.729**	0.205
咨询科技推广人员	0.439	-0.216	-0.089	0.005	-0.009	**0.778**
参加科技推广培训项目	0.430	-0.468	-0.216	-0.016	0.092	**-0.665**
减少生产规模——卖掉奶牛	0.156	-0.467	-0.189	0.190	-0.071	**-0.684**
尽可能以最低成本进行生产	0.464	-0.156	-0.477	0.096	0.365	0.141
累计方差可解释变量占比（%）	27.622	43.917	56.236	65.842	73.529	**80.429**

成分抽出方法：主成分分析法。因子值的绝对值大于 0.5，用黑体表示。
资料来源：2010 年实地调研。

与其他养殖户共同购买并使用一些设备（如挤奶设备、饲料搅拌设备等）可以降低固定成本的投入，还有一些其他的可以降低成本、减少风险的方式都被归类到"降低成本"这一主要因素中。无论是稳定收益还是提高养殖户的收入，这些都是与收入挂钩的因素。订单农业是保障养殖户固定收益的重要手段。由于大多数养殖农户并不是专业的奶牛养殖户，通过外出务工及其他经营手段获得额外收入是提高家庭整体收入的主要方式。第三个因素是农民合作组织，只有一个因子进入到这个成分中。购买农业保险、通过各种手段减少动物生病风险被归类到"农业保险"这一主要因素中。我们认为通过适当的治疗与合理的动物体检能够有效地减少动物疾病的发生。最后一个主要因素是农业技术咨询与技术推广。

4.5 小 结

价格风险与生产风险是奶农最为担忧的风险。奶农对于牛奶收购价格没有任何话语权，只能是价格的接受者，所以价格风险又高于生产性风险，成为最严重的风险。对于河北省来说，2008 年的三聚氰胺事件始终影响着当地农民，农民遇到了卖奶难的困境，而且这一困境持续了相当长的时间（大约一年半）。尽管国家为口蹄疫提供春秋两季防疫，但是一旦发生，大面积扑杀所造成的损失十分严重，毕竟奶牛的价格昂贵，比起其他可以治愈的疾病，口蹄疫是养殖户最为担心的疫病风险。基于上述结果，我们将奶牛养殖过程中的风险划分成 7 个主要因素。这些风险中，牛奶收购价格和疫病风险是导致奶农损失最大的单一风险。

此外，我们还发现，粗放的奶牛养殖方式会导致养殖过程中卫生条件变差，这不仅降低牛奶产量，影响牛奶的质量，还会引起一些奶牛的生产性疾病，如乳房炎和奶牛哮喘病，而这些是可以通过改良养殖环境等方式得到改善的。

风险管理应对措施中，以最低的成本开支生产和通过各种形式来减少动物生病是农户最多的选择，小规模养殖户发挥了自己的聪明才智，通过自己的方式来降低成本。另外，奶牛养殖户很大程度上仍然依赖村镇的兽医提供的服务以及相应的养殖技术推广普及，所以，大力进行养殖技术的宣传对于养殖户来说是非常需要也是非常必要的。而对于政府部门，特别是地方政府，可以做的是提供有效、快捷、便利的养殖技术咨询与技术推广服务。

由于所采访的养殖户多数为小规模，他们是生产链中最弱小的一环，没有与加工企业商议定价的权力，而将农民组织起来，形成农民合作社，提高养殖户的"话语权"显得尤为重要。

一些新的风险应对措施还不被养殖户所熟悉，农业保险在种植业领域以及畜牧业中的生猪养殖中已经得到一定的应用，但是在奶牛养殖的环节中接受程度还不高。而类似于订单农业、事前价格合同等应对市场风险的措施在奶牛养殖领域还较少得到应用。推广和普及这些应对风险的措施有可能帮助奶农避免一定的市场风险从而减少损失。

本书还有一些局限性，尽管牛奶价格波动是奶农的最大风险，但是牛奶收购价格并不容易获取，本书的局限性就在于此，在未来的相关研究中，可以将牛奶的收购价格、牛奶的终端市场销售价格等信息纳入研究中，从而补充和完善这一研究。

第 **5** 章

结　论

本书主要目的是探讨牛奶产业中所存在的风险问题，通过基于可持续安全的食品供应链理论，将消费者和生产者联系起来。

我们通过两次分别对消费者和生产者（奶农）的实地调研，获得了本书所需的数据。这两次调研分别是 2008 年针对消费者行为的调查和 2010 年针对河北省和内蒙古自治区的部分奶农的调查，获得 209 个消费者有效样本和 168 个农户有效样本。对于消费者研究，主要的研究方法是采用选择模型（Choice Model）对消费者的牛奶消费偏好和带有可追溯系统标识牛奶的支付意愿（willingness to pay），采用条件逻辑回归（Conditional Logit Model）和多项逻辑回归（Multional Logit Model）进行具体的数据分析。针对奶农的风险及风险应对措施的分析，主要采用的是主成分分析法。

消费者研究的结果表明，在面对食品安全事件，消费者会出现一定的应激反应，即立刻对出现问题的食品产生极大的不信任，对于新的食品安全保障系统——可追溯系统的了解程度还比较低，但是总体接受态度是积极的。从边际支付意愿来看，消费者更希望了解对动物的养殖环节，对动物疫病、兽药使用，特别是抗生素的使用非常在意，这体现在较高的边际支付意愿方面。年龄、学历以及收入都对消费者可追溯系统的接受程度产生影响。

　　对奶农的研究发现，市场风险即奶价的波动和动物疫病是奶农面临的最大风险，奶农特别是小规模的农户作为食物供应链最薄弱的一环，没有牛奶的定价权，完全是奶价的接受者，他们应对风险的能力相对较弱。所以他们想尽办法采用最低的成本开展生产，并通过各种方式来降低奶牛的疫病发生几率。此外，通过调查发现，养殖户对于国家提供的养殖技术推广、动物疫病防控扶持的需求都还十分巨大。然而对于一些在国外已经开展起来的风险应对措施，例如农业保险服务、农业产前合同的方式，对于奶农来说，还相对发展迟缓。

　　最后，基于上述研究结论，我们认为对于消费者来说，食品安全标签的更多信息和积极有效的宣传可以帮助人们获得更多的相关知识，这使人们更容易接受新的食品安全保障系统，但与此同时，强有力的监督才是人们产生信任的基础。

　　在政策层面上，要求政府部门及第三方监管部门，进行积极的监督，而不仅仅是发生事故之后的善后处理。消费者对于食品安全事故、事件的发生是十分敏感的，且产生的消费信任危机也会持续时间较长，从2008年以来中国城镇居民的牛奶消费发生拐点就可见一斑。然而如何使得消费者在发生事件之后，避免过激反应、理性应对也是政府部门需要考虑和引导的事情。

　　对于生产者（奶农）而言，除了依靠国家提供的技术推广与疾病防控服务，也需要农户自己组织起来，形成更为强大的主体，从而在食物供应链中有更多的话语权。而政府部门除了为农户提供方便快捷的技术推广、普及服务之外，还应该完善一些可以提供给农户的风险应对措施。农业保险、农民合作组织以及订单农业在这一领域尚未成为农户的首选，从某种程度上说明政府的宣传尚不到位，这些风险管理工具的实施方法农民尚不熟悉。因为政策落实不到位，在实际操作过程中就会产生很多问题，于是养殖农户就不得不弃用这些有可能更好地帮助农户规避风险的手段。

综合分析，我们发现，在牛奶的整个供应链中，无论是消费者还是生产者都对动物疫病、兽药使用方面最为关注，这是双方共同关注的焦点。对于生产部门的养殖户来说，减少和降低疫病的发生，减少兽药的不当使用，避免兽药残留成为核心问题。这也是从源头保障食品安全的重要环节。对于消费者而言，更好地了解所消费的产品，理性应对可能发生的食品安全风险，才能避免一旦发生问题所产生的过激反应。

然而食物系统的全貌不仅仅包含消费者和生产者，更应该将环境作为食物系统中重要的一环考虑进来。南石晃明（2010）教授在其提出的新时代亚洲可持续食品安全供应系统理论中，不仅包含有消费者、生产者，更有环境因素对食品供应产生的影响，即良好的环境和安全健康的食品以及减少风险是统一不可分割的。在未来的研究中，我们不仅要将消费者和生产者结合起来，还要把环境研究对象纳入系统中来。世界范围内，畜禽污染排放已经成为困扰各国的严重问题，根据联合国粮农组织的报告——《牲畜的巨大阴影：环境问题与选择》中的数据显示，每年有 75.16 亿吨二氧化碳当量的温室气体是由畜牧业排放的，占全球排放总量的 18%。目前中国的农业环境问题，特别是畜牧业带来的环境问题正日益严重，而中国的畜牧业排放也已经超过了同期工业排放。环境问题也正在日益受到关注，将环境与风险、食品安全紧密地联系起来，是我们未来的重要研究方向。

附录 1

消费者调查问卷

Set1

食品安全追溯系统的消费者行为调查问卷

No. _____ 　　　　地点以及超市名_____

您好！此问卷有关牛奶消费习惯，大约会占用您 3 ~ 5 分钟的时间，您的信息仅仅用于经济学模型的研究。对您的友好合作，深表感谢。

牛奶购买意愿

Q1. 您或者您的家人平时喝牛奶吗？

1. 喝　　　　　　　　　　2. 不喝

Q2. 在购买牛奶时，您认为以下哪个因素最重要？

	非常重要	比较重要	不知道	比较不重要	非常不重要
安全	1	2	3	4	5
价格	1	2	3	4	5
营养	1	2	3	4	5
口感	1	2	3	4	5

Q3. 您每个月在超市以及副食品店购买食品的开支一般约多少钱？

我（家）一个月购买食品的开支一般约_____元。

Q4. 您听说过食品安全追溯系统吗，特别是用于确保奥运会期间以及今后的食品安全？

1. 听说过　　　　　　　　2. 没听说过

Q5. 您听说过一些关于牛奶或者其他乳制品的食品不安全等负面报道吗？（比如有抗奶，回锅奶，还原奶，劣质奶粉事件）

1. 听说过   2. 没有听说过

Q6. 这些负面事件的报道对您在购买牛奶的时候有什么影响？

1. 希望获得更多关于牛奶生产的信息 （　　）

2. 希望有政府部门有更有力度的监督 （　　）

3. 停止牛奶以及其他乳制品的购买 （　　）

4. 其他

Q7. 您认为现在的食品安全特别是牛奶的安全状况怎么样？

1. 非常安全 （　　）   2. 比较安全 （　　）

3. 不好说 （　　）   4. 不怎么安全 （　　）

5. 非常不安全 （　　）

Q8. 您认为有没有必要引入食品安全追溯系统来确保食品安全呢？

1. 有必要 （　　）   2. 没必要 （　　）

如果没必要，能否请您列出理由呢？

1. 导入这个系统，食品价格会上涨 （　　）

2. 我不信任这个系统提供的信息 （　　）

3. 有没有这个系统无所谓 （　　）

4. 其他

Q9. 在购买牛奶的时候，您愿意为带有追溯系统标签的牛奶支付多少钱？

（1）我不愿意支付带有追溯系统标签的牛奶

（2）如果带有追溯系统标签的牛奶价格和一般牛奶的价格一样（1.7元/250毫升），我愿意支付；

（3）1.90 元；   （4）2.20 元；   （5）2.50 元；

（6）2.80 元；　　（7）3.20 元；　　（8）3.60 元；

（9）4.00 元；　　（10）4.60 元；　　（11）5.20 元；

（12）6.00 元；　　（13）6.00 元以上。

Q10. 在信息追溯系统中，您最想获得关于哪个方面的信息？

	最关注	比较关注	无所谓
奶牛品种	1	2	3
兽药使用	1	2	3
大牧场/小养殖户信息	1	2	3
加工生产过程以及相关信息	1	2	3

Q11. 您最愿意通过哪种途径获得这些可追溯的信息？（单选）

1. 通过手机短信息（　　　）

2. 通过国际互联网（　　　）

3. 通过拨打固定电话（　　　）

4. 通过超市里的条形码浏览器（　　　）

5. 通过包装广告本身（　　　）

Q12. 您经常在什么地方购买牛奶？

1. 超市（　　　）　　　　　2. 便利店（　　　）

3. 传统的副食品商店（　　　）　　4. 配送牛奶（　　　）

Q13. 您经常购买的牛奶主要是哪种的？（大——980 毫升，中——500 毫升，小——250 毫升）

1. 大纸盒（　　　）　　　　　2. 中纸盒（　　　）

3. 小纸盒（　　　）　　　　　4. 中纸袋（　　　）

5. 小纸袋（　　　）　　　　　6. 小塑料包装袋（　　　）

Q14. 您家大约每周会喝掉多少牛奶？

大　　　　箱

每周(中)＿＿＿＿＿盒．

小　　　　袋

Q15. 虚拟购物——我们将可追溯系统作为牛奶的身份证，在牛奶包装的标签上加入追溯系统。

我们请您想象一下您平时在超市或者其他地点购买牛奶的情况，在购买过程中，我们有可能面对很多不同种类、不同品牌的牛奶，而牛奶会因为可追溯的信息不同而价格不同。

牧场以及养殖户的信息：通过牧场、养殖户以及奶站记录并上传，提供给消费者关于奶源的相关**文字性的描述信息**，这些信息中将包括牧场或者养殖户姓名、地址、联系方式等信息，奶牛的品种信息，甚至有可能有饲料信息，**在文字信息的基础上**，提供牧场、负责人或者农户以及奶牛的**照片以及图片信息**。

兽药使用信息：兽药的使用将由畜牧兽医部门记录并上传，提供给消费者奶牛**抗生素使用信息**（减少或者避免"有抗奶"的产生）。

加工企业的相关信息：通过奶牛加工企业记录并上传，提供给消费者关于加工企业以及加工过程的**文字信息**，包括加工企业的名称、地址、联系方式、企业等级评价，在图片信息的基础上，提供加工企业生产过程的**照片**等**图片信息**。（目前为止加工企业方面，至少也有加工企业的地址、联系方式信息）

价格：250 毫升的牛奶的价格会因为可以追溯的程度不同，提供的信息不同，价格也会有所不同，有追溯系统的牛奶可能和一般牛奶的价格一样，或者比一般牛奶贵 0.2 元、0.4 元、0.6 元、0.8 元、1.0 元。

假设在您购买牛奶时不选择含有追溯系统的牛奶，您可以选择您平时经常购买的牛奶。

15.1

	A	B	C
牧场以及养殖户的信息	无信息	文字信息	我还是选择平时购买的牛奶
兽药使用	无记录	抗生素记录	
加工企业	基本信息	文字信息	
价格比一般牛奶的价格将高出	无变化	0.8 元	
您的选择	( )	( )	( )

15.2

	A	B	C
牧场以及养殖户的信息	文字信息	文字信息＋图片信息	我还是选择平时购买的牛奶
兽药使用	抗生素记录	全部兽药记录	
加工企业	文字信息	文字信息＋图片信息	
价格比一般牛奶的价格将高出	0.2 元	1.0 元	
您的选择	( )	( )	( )

15.3

	A	B	C
牧场以及养殖户的信息	文字信息＋图片信息	无信息	我还是选择平时购买的牛奶
兽药使用	全部兽药记录	无记录	
加工企业	文字信息＋图片信息	基本信息	
价格比一般牛奶的价格将高出	0.4 元	0.6 元	
您的选择	( )	( )	( )

15.4

	A	B	C
牧场以及养殖户的信息	无信息	文字信息＋图片信息	我还是选择平时购买的牛奶
兽药使用	无记录	全部兽药记录	
加工企业	基本信息	基本信息	
价格比一般牛奶的价格将高出	无变化	1.0 元	
您的选择	( )	( )	( )

15.5

	A	B	C
牧场以及养殖户的信息	文字信息	无信息	我还是
兽药使用	抗生素记录	无记录	选择平
加工企业	文字信息	文字信息	时购买
价格比一般牛奶的价格将高出	0.2元	0.6元	的牛奶
您的选择	（　　　）	（　　　）	（　　　）

15.6

	A	B	C
牧场以及养殖户的信息	文字信息＋图片信息	文字信息	我还是
兽药使用	全部兽药记录	抗生素记录	选择平
加工企业	文字信息＋图片信息	文字信息＋图片信息	时购买
价格比一般牛奶的价格将高出	0.4元	0.8元	的牛奶
您的选择	（　　　）	（　　　）	（　　　）

背景信息

下面请教您一些基本信息，这将对我们的研究非常有益，此信息仅严格应用于经济学分析中。对您的合作深表感谢。

Q16. 性别

1. 男性　　　　　　　　2. 女性

Q17. 年龄

1. 18 岁以下 （　　　）　　　2. 19～25 岁 （　　　）

3. 26～35 岁 （　　　）　　　4. 36～45 岁 （　　　）

5. 46～55 岁 （　　　）　　　6. 56～65 岁 （　　　）

7. 66 岁以上 （　　　）

Q18. 您的最终学历

1. 小学毕业 （　　　）　　　2. 初中毕业 （　　　）

3. 高中毕业 （　　　）　　　4. 大中专学校毕业 （　　　）

5. 大学本科毕业及以上 （　　　）

Q19. 包括您在内，您家有_____口人？（和您一同居住）

Q20. 这之中，高中生，以及高中生以下的有_____位。

Q21. 这之中，65 岁以上的老人有_____位。

Q22. 您的家庭月收入一般在

1. 少于 1000 元 （   ）   2. 1000 ~ 3000 元 （   ）

3. 3000 ~ 6000 元 （   ）   4. 6000 ~ 10000 元 （   ）

5. 10000 ~ 15000 元 （   ）   6. 15000 ~ 20000 元 （   ）

7. 20000 元以上 （   ）

Q23. 您以及您的家人一般都会怎样饮用牛奶？

1. 早餐，或者是早餐的一部分

2. 不仅仅在早餐时喝牛奶，会把牛奶作为普通的饮料，经常饮用

3. 很少喝牛奶

Q24. 在您选择购买牛奶的时候，以下哪个因素是最重要的影响因素？

	非常不重要	不太重要	不好说	比较重要	非常重要
价格	1	2	3	4	5
品牌	1	2	3	4	5
包装大小	1	2	3	4	5
广告	1	2	3	4	5
食品安全因素	1	2	3	4	5
可追溯性	1	2	3	4	5
加工企业有 HACCP 认证	1	2	3	4	5
绿色食品	1	2	3	4	5
牛奶的加工工艺	1	2	3	4	5
口感	1	2	3	4	5
营养成分	1	2	3	4	5
保质期限	1	2	3	4	5

谢谢您协助我们完成这份调查问卷！

奶农风险调查问卷

奶农风险调查

地点＿＿＿＿＿＿＿＿＿＿＿＿＿＿　日期＿＿＿＿＿＿　编号＿＿＿＿＿＿＿

第一部分：一般信息

户主姓名：　　　　　　户主性别：　　　　　　户主年龄：

家庭成员数量：

受教育水平：

1. 文盲　　　　　　　　　　2. 小学水平

3. 初中毕业　　　　　　　　4. 高中毕业

5. 大学及以上　　　　　　　6. 其他

上年全年的收入是多少？＿＿＿＿＿＿＿＿＿＿

养奶牛的收入大约是多少？＿＿＿＿＿＿＿＿＿

您种地务农有多少年了？＿＿＿＿＿＿＿＿＿

您是否是专业奶农？

1. 是　　　　　　　　　　2. 不是

您养奶牛养了多少年了？＿＿＿＿＿＿＿＿＿

您现在有多少头奶牛？＿＿＿＿＿＿＿＿＿

有多少头正在产奶？＿＿＿＿＿＿＿＿＿

一头牛一天大约能产多少奶？＿＿＿＿＿＿＿＿＿

每斤奶大概能卖多少钱？＿＿＿＿＿＿＿＿＿

买一头成年母牛大约是多少钱？＿＿＿＿＿＿＿＿＿

卖掉一头奶牛大约是多少钱？ _____

卖掉一头小牛大约是多少钱？ _____

第二部分：风险态度与风险来源

项目	没影响				影响非常大	遇到过	
消费者喜好的变化	1	2	3	4	5	是	否
市场风险	1	2	3	4	5	是	否
奶牛的乳房炎的发生	1	2	3	4	5	是	否
哮喘病等传染病	1	2	3	4	5	是	否
口蹄疫等传染病	1	2	3	4	5	是	否
兽药使用不当和兽药残留	1	2	3	4	5	是	否
一些相关食品安全风险的发生	1	2	3	4	5	是	否
有关食品安全的负面报道	1	2	3	4	5	是	否
奶产量发生变化	1	2	3	4	5	是	否
牛奶收购价格发生变化	1	2	3	4	5	是	否
玉米产量发生变化	1	2	3	4	5	是	否
玉米价格发生变化	1	2	3	4	5	是	否
其他作物的产量发生变化	1	2	3	4	5	是	否
其他作物的价格发生变化	1	2	3	4	5	是	否
一些投入成本增加	1	2	3	4	5	是	否
技术发生变化	1	2	3	4	5	是	否
政府的支持政策发生变化	1	2	3	4	5	是	否
家庭成员的健康问题	1	2	3	4	5	是	否
火灾、洪水、干旱等其他灾害	1	2	3	4	5	是	否
其他	1	2	3	4	5	是	否

Q1. 您是否愿意增加奶牛的数量？（生产风险）

不，完全不愿意。　　　　　　　　　　　　　　是的，我非常愿意

1　　　　　　2　　　　　　3　　　　　　4　　　　　　5

Q2. 您是否愿意再养些别的动物或者种些别的作物，以扩大出售农产品的种类？（市场风险）

不，完全不愿意。　　　　　　　　　　　　　　是的，我非常愿意

1　　　　　　2　　　　　　3　　　　　　4　　　　　　5

Q3. 您如何看待以下风险，这些风险是否对您的经济状态有巨大的影响？您在过去的 3 年内是否面对过这些风险？

第三部分：风险对策

请您对以下的风险对策的重要性进行评价

在过去的 3 年中，您是否用过以下的风险策略

在未来的 3 年内，您是否考虑使用以下风险策略

项目	不重要			非常重要		使用过	
生产合约——订单式生产	1	2	3	4	5	是	否
常备现金在身边	1	2	3	4	5	是	否
咨询科技推广人员	1	2	3	4	5	是	否
参加科技推广培训项目	1	2	3	4	5	是	否
畜舍并不单一使用	1	2	3	4	5	是	否
租用机器而不是购买	1	2	3	4	5	是	否
和别人一起购买设备	1	2	3	4	5	是	否
打工	1	2	3	4	5	是	否
收集有关信息	1	2	3	4	5	是	否
增加科技使用	1	2	3	4	5	是	否
参加农民合作组织	1	2	3	4	5	是	否
预防牲畜疾病	1	2	3	4	5	是	否
购买农业保险	1	2	3	4	5	是	否
减少生产规模——卖掉奶牛	1	2	3	4	5	是	否
其他	1	2	3	4	5	是	否

第四部分：关于食品安全风险

Q1. 您认为现在您自己生产和购买的食品是否安全？

1. 非常安全　　　　　　　　2. 安全

3. 一般　　　　　　　　　　4. 不太安全

5. 非常不安全　　　　　　　6. 我也不知道

Q2. 您自己喝牛奶吗?

1. 不喝　　　　　　　　　　　　2. 喝

Q3. 您认为喝的牛奶安全吗?

1. 非常安全　　　　　　　　　　2. 安全

3. 一般　　　　　　　　　　　　4. 不太安全

5. 非常不安全　　　　　　　　　6. 我也不知道

Q4. 您认为现在买来的吃的东西安全吗?

1. 非常安全　　　　　　　　　　2. 安全

3. 一般　　　　　　　　　　　　4. 不太安全

5. 非常不安全　　　　　　　　　6. 我也不知道

Q5. 您认为最容易发生食品安全问题的环节是哪个?

1. 农户饲养阶段　　　　　　　　2. 农户挤奶阶段

3. 牛奶的加工阶段　　　　　　　4. 各个运输环节

5. 批发零售阶段　　　　　　　　6. 我也不知道

Q6. 有关食品安全的信息,您最相信哪个信息来源?

1. 政府部门的信息　　　　　　　2. 研究机构发布的信息

3. 一些民间机构的信息　　　　　4. 亲朋好友口口相传的信息

5. 来自其他农户和食品生产企业　6. 其他

7. 谁都不相信

Q7. 您认为牛奶发生食品安全问题的主要原因是什么?

1. 奶牛的疫病　　　　　　　　　2. 使用的兽药不当造成残留

3. 挤奶后不能及时运送或者其他原因导致牛奶变质腐败

4. 其他

中日消费者对于良好农业规范（GAP）认证农产品的态度比较

——基于北京和东京牛奶市场的调查结果

研究背景

随着各种食品安全问题的发生，食品安全正在成为消费者们日益关注的话题。良好农业规范（Good Agricultural practices，GAP）作为一种适用方法和体系，通过经济的、环境的和社会的可持续发展措施，来保障食品安全和食品质量（FAO，2003）。这一系统不仅关注农产品安全、环境保护，还关注动物福利等各个方面。全球良好农业规范（GLOBALG. A. P. ）是目前最著名的良好农业规范体系，其前身为欧洲良好农业规范（EUREPGAP）。

全球良好农业规范禁止 GAP 的标签附在产品的包装上，所以在欧洲，有关消费者对于良好农业规范的评价是很少的。然而在亚洲各国，比如日本、韩国和中国，良好农业规范的标签是附着在产品的包装上的，所以研究和了解消费者对于良好农业规范认证产品的态度在亚洲各国就显得十分有意义。这样的研究为良好农业规范的应用者提供了经济动力，也为政策制定者是否应该进一步向农户或者农业企业推广良好农业规范提供了信息与依据。

日本的最早的良好农业规范出现在 2002 年，由 AEON 公司建立。日本良好农业规范（J_GAP）由两个级别组成，一个是基础良好农业规范（JGAP basic ），另一个是 J + G，其标准被认为与全球良好农业规范的标准等同（Takeda，2011）。

我国政府于2004年开始设计中国良好农业规范（CHINA GAP）的国家标准，并于2006年和2008年分别公布。我国现有24个良好农业规范的国家级标准，包括大田作物、水果、蔬菜、奶牛、生猪等各个方面。

研究对象

本研究以中日良好农业规范为主要研究对象。由于中日良好农业规范都是基于全球良好农业规范而制定的，所以认为两者具有可比性。本研究的调查对象是，首先分析和对比中日两国消费者对于良好农业规范的认知程度，然后通过选择实验法分析日本消费者对于良好农业规范的支付意愿，其中，日本良好农业规范涵盖了以下四个要素：提高农畜产品的食品安全水平、推进环境保护、提高农业工作人员的安全与福利以及改进动物福利。日本消费者对于这四个方面的认知态度也在本文中被考察。最后分析日本方面的研究对我国的启示和借鉴意义。

研究方法

中日消费者对于良好农业规范的态度比较主要通过描述法来分析，而日本消费者对于通过良好农业规范生产的牛奶的支付意愿则通过选择实验（choice experiment）来进行。选择实验通过将研究对象划分为若干个特征和级别来辨别和量化消费者对于这种非市场物品的研究对象的支付意愿，比如本研究的良好农业规范和危害节点控制法。这种方法最先应用于市场调查，特别是交通工具的选择以及环境问题的研究中。近年来更为广泛地应用于非市场物品（non‑market goods）。在本研究中，日本消费者对良好农业规范以及危害节点控制系统的支付意愿将采用这种方法来衡量和计算，根据正交矩阵，本调查设计了16个选择组。

在本研究中，牛奶被划分为三个属性，每个属性有若干个级别。在选择试验中，牛奶被假设为一般品，三个属性分别为良好农业规范的标签，危害节点控制标签（为了与良好农业规范进行比较，危害安全节点控制系统也被列为牛奶标签属性之一）以及一公升牛奶的价格。

表1 选项属性与级别

属性	级别
良好农业规范的标签	附有 GAP 标签/没有 GAP 标签
危害节点控制标签	附有 HACCP 标签/没有 HACCP 标签
一公升牛奶的价格（日元）	163，168，173，178，183，188，193，198

表2是调查问卷的样本选择。被调查对象会比较不同选项之间的差别，做出判断，然后选择自己效用最大化的牛奶。

表2 问卷选择样本

	选项 A	选择 B	选择 C
良好农业规范（GAP）	有 GAP 标识	有 GAP 标识	我仍选择我经常购买的牛奶
危害节点控制系统（HACCP）	有 HACCP 标识	有 HACCP 标识	
1 公升牛奶的价格	163 日元	173 日元	
我的选择			

选择实验的理论基础来源于随机效用模型。每个个体的效用可以表示为：

$$U_{ij} = V_{ij} + \varepsilon_{ij}$$

这里 V_{ij} 表示被观察对象的选择，而 ε_{ij} 则表示的是误差项。

当选项 j 优于选项 $h U_{ij} > U_{ih}$，个体 i 的第 j 个选项的概率可以被定义为：

$$\pi_{ij} = Pr\{V_{ij} + \varepsilon_{ij} \geq V_{ih} + \varepsilon_{ih}; \forall h \in C\}$$

这里 C_i 是个体 i 的选择组，而 V_{ij} 是在直接条件下效用，表现为线性形式：

$$V_{ij} = ASC_i + b_G\ GAP_{ij} + b_H\ HACCP_{ij} + b_P\ PRICE_{ij}$$

这里 $\beta_1 - \beta_n$ 是各个属性的系数向量。假设误差项服从冈勃分布（Gumble distribution），那么选项 j 的概率为：

$$\pi_{ij} = \frac{\exp(v_{ij})}{\sum_{j \in C} \exp(v_{ij})}$$

边际价值的计算可以写为一般属性的系数与价格属性系数的比值的负数：

$$MWTP = \frac{-\beta attitude}{\beta price}$$

选项 C 被选择时，设定为 0，而其他选项（选项 A 或者 B 被选择的场合下）被选到时设定为 1。本研究是应用计量软件包 LIMDEP 8.0 NLOGIT4.0 对数据进行分析的。

此外，日本良好农业规范的研究中把食品安全、环境保护、动物福利以及工人安全这四个方面也涵盖在内，受访者也被要求比较这四个方面的重要性。

数据收集

本研究的调查数据来源于对于东京市和北京市消费者的入户问卷调查。2010 年 3 月调查组对东京地区的消费者进行调查，获得有效样本 624 个，样本特征为居住在东京超过 20 岁的居民，且每周购买牛奶。2011 年 12 月至 2012 年 1 月，同样的调查在北京开展，获得有效样本 307 个。表 3 显示了东京和北京消费者的一般社会信息。由于受访者被要求是家庭中负责购买牛奶的成员，所以受访者中女性占多数。大约有一半的东京受访者的家里有儿童（小于 6 岁），而超过 1/3 的北京受访者的家里有儿童。

表 3   东京与北京受访者的社会经济属性比较

	东京		北京	
类别	n	%	n	%
性别				
男性	172	27.6	112	36.5
女性	452	72.4	164	53.4
年龄				
20 岁以下	3	0.5	20	6.5
21 岁~30 岁	84	13.5	96	31.3
31 岁~40 岁	211	33.8	63	20.5
41 岁~50 岁	192	30.8	60	19.5
51 岁~60 岁	84	13.5	40	13.0
61 岁以上	50	8.0	28	9.1
家里是否有小孩				
有	305	48.9	115	36.4
没有	319	51.1	192	63.6

资料来源：东京消费者调查，2010 年 3 月；北京消费者调查，2012 年 1 月。

分析结果

图 1 和图 2 分别显示了东京和北京的消费者对于良好农业规范标识的认知程度。两国的消费者都对良好农业规范的标识以及相关内容的认知程度较低，在东京只有 1% 的消费者表示比较了解良好农业规范。大约 23% 的东京消费者少量了解或者听说过良好农业规范，而大多数消费者（约 76%）从未听说过这一名称。这一结果与之前在日本其他地区的调查结果相一致（合崎，2007）。

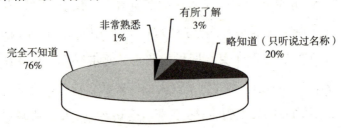

非常熟悉
1%

有所了解
3%

完全不知道
76%

略知道（只听说过名称）
20%

图 1　日本消费者对良好农业规范的认知情况

资料来源：东京消费者调查 2010 年 3 月。

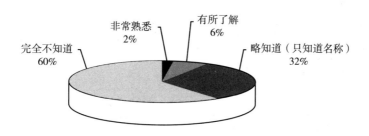

图 2　中国消费者对良好农业规范的认知情况

资料来源：北京消费者调查 2012 年 1 月。

北京的消费者尽管也表现出对良好农业规范的认知程度较低，但是略优于东京消费者，大约有 32% 的消费者少量了解或听说过良好农业规范。大约 60% 的消费者表示从未听说过这一名称。

表 4 显示的是日本消费者对于良好农业规范所包含的四个要素的态度。本研究中日本良好农业规范中包含四个要素，有提高农畜产品的食品安全水平、推进环境保护、提高农业工作人员的安全与福利以及改进动物福利。日本消费者认为这四个方面都很重要且非常重视。其中，提高农畜产品的食品安全水平被视为最重要因素。意外的是日本消费者对于动物福利的重视程度很高，改进动物福利是被视为第二重要的因素，这与之前的一些研究产生了差距，过去的研究表明，亚洲消费者对于改进动物福利并不十分重视，至少与欧洲消费者相比，重视程度是不足的。排在第三位的是推进环境保护，而排在第四位的是提高农业工作人员的安全与福利。

表 4　日本消费者对于良好农业规范所包括要素的态度

	左边更为重要	左右一样重要	右边更为重要	
提高农畜产品的食品安全水平	43.30%	49.20%	7.50%	推进环境保护
提高农畜产品的食品安全水平	46.10%	46.20%	7.70%	提高农业工作人员的安全与福利
提高农畜产品的食品安全水平	34.40%	49.70%	15.90%	改进动物福利

续表

	左边更为重要	左右一样重要	右边更为重要	
推进环境保护	30.80%	49.20%	20.10%	提高农业工作人员的安全与福利
推进环境保护	20%	53.70%	26.20%	改进动物福利
提高农业工作人员的安全与福利	21.30%	53%	25.70%	改进动物福利

资料来源：东京消费者调查 2010 年 3 月。

表 5 显示的是用于选择实验的变量代码。其中 ASC 是代表常数项，如果问卷中选项 A 或者选项 B 被选中，则 ASC = 1，否则 ASC = 0。GAP 是代表奶牛的养殖和牛奶的生产是否服从良好农业规范，产品是否标有良好农业规范的标签，如果是，那么变量 GAP = 1，否则 GAP = 0。HACCP 也是同理，产品的生产是否服从危害节点关键控制技术，并有其标签，如果是 HACCP = 1，否则 HACCP = 0。

表 5 选择实验中的变量代码

Variables	Attributes	Codes
ASC	常数项	
GAP	奶牛是否以良好农业规范方式饲养，并在牛奶包装上有良好农业规范的标识	1 = with GAP, 0 = without GAP
HACCP	牛奶的生产是符合危害节点控制认证标准	1 = with HACCP 0 = without HACCP

表 6 显示的是条件逻辑回归模型的结果。其中调整的 ρ^2 为 0.3752，可以认为这个结果是适合的。GAP 和 HACCP 两个变量的系数都是正数，这说明消费者对于良好农业规范和危害节点控制这两个系统的评价都是积极的，消费者都希望有这样的系统来确保食品安全和食品质量。同时，变量 PRICE 的系数为负数，这说明消费者对于价格的态度是消极的，消费者都渴望在同等条件下购买更为便宜的产品。

消费者对于 GAP 和 HACCP 的边际支付意愿（MWPT）并没有太大的差距。对于 GAP 的边际支付意愿为 10.45 日元，而对于 HACCP 的边际支付意愿为 10.57 日元，仅仅略高于 GAP。

表6   条件逻辑回归模型结果

变量	Coefficient	MWTP
ASC	15.4677 **	
GAP	0.04879 *	10.45
HACCP	0.05207 **	10.57
价格	− 0.0674 **	

Adjusted $\rho^2 = 0.3752$

＊P < 0.05，＊＊P < 0.01

资料来源：日本消费者调查，2010 年 3 月。

结论

良好农业规范对于中日消费者来说都是非常陌生的新鲜事物。只有非常少量的消费者表示对良好农业规范比较熟悉，更多的消费者甚至没有听说过良好农业规范。其中北京消费者对于良好农业规范的了解程度略高于东京的消费者。

尽管消费者对于良好农业规范这样的新体系十分陌生，但是对于良好农业规范的态度是积极的，认为这样的系统对于促进食品安全、保护环境、提高动物福利等方面都有积极的意义。但是消费者对于良好农业规范系统的支付意愿并不很高。这样的结果与一些在中国的研究结果是类似的，中国消费者对于新鲜的可以确保食品安全等方面的系统了解甚少，态度积极，但是仍持有疑惑，支付意愿并不高，如可追溯系统（traceability system），这与政府宣传不到位，以及一些负面新闻造成公众对于这些系统的了解和信任程度不足不无关系。

在东京的调查中，对于良好农业规范有了更为细致的划分，将良好农业规范细化为：提高农畜产品食品安全水平、推进环境保护、提高农业工作人员的安全与福利以及改进动物福利等四个方面。这样的细化在中国国内的研究中还比较少见，值得我们借鉴并进一步应用在我国的研究中。

（本文作者：周慧　南石晃明　合崎英南）

附录 4

中华人民共和国食品安全法

（2009 年 2 月 28 日第十一届全国人民代表大会常务委员会第七次会议通过 2015 年 4 月 24 日第十二届全国人民代表大会常务委员会第十四次会议修订）

第一章　总则

第一条　为了保证食品安全，保障公众身体健康和生命安全，制定本法。

第二条　在中华人民共和国境内从事下列活动，应当遵守本法：

（一）食品生产和加工（以下称食品生产），食品销售和餐饮服务（以下称食品经营）；

（二）食品添加剂的生产经营；

（三）用于食品的包装材料、容器、洗涤剂、消毒剂和用于食品生产经营的工具、设备（以下称食品相关产品）的生产经营；

（四）食品生产经营者使用食品添加剂、食品相关产品；

（五）食品的贮存和运输；

（六）对食品、食品添加剂、食品相关产品的安全管理。

供食用的源于农业的初级产品（以下称食用农产品）的质量安全管理，遵守《中华人民共和国农产品质量安全法》的规定。但是，食用农产品的市场销售、有关质量安全标准的制定、有关安全信息的公布和本法对农业投入品作出规定的，应当遵守本法的规定。

第三条　食品安全工作实行预防为主、风险管理、全程控制、社会共治，建立科学、严格的监督管理制度。

第四条 食品生产经营者对其生产经营食品的安全负责。

食品生产经营者应当依照法律、法规和食品安全标准从事生产经营活动，保证食品安全，诚信自律，对社会和公众负责，接受社会监督，承担社会责任。

第五条 国务院设立食品安全委员会，其职责由国务院规定。

国务院食品药品监督管理部门依照本法和国务院规定的职责，对食品生产经营活动实施监督管理。

国务院卫生行政部门依照本法和国务院规定的职责，组织开展食品安全风险监测和风险评估，会同国务院食品药品监督管理部门制定并公布食品安全国家标准。

国务院其他有关部门依照本法和国务院规定的职责，承担有关食品安全工作。

第六条 县级以上地方人民政府对本行政区域的食品安全监督管理工作负责，统一领导、组织、协调本行政区域的食品安全监督管理工作以及食品安全突发事件应对工作，建立健全食品安全全程监督管理工作机制和信息共享机制。

县级以上地方人民政府依照本法和国务院的规定，确定本级食品药品监督管理、卫生行政部门和其他有关部门的职责。有关部门在各自职责范围内负责本行政区域的食品安全监督管理工作。

县级人民政府食品药品监督管理部门可以在乡镇或者特定区域设立派出机构。

第七条 县级以上地方人民政府实行食品安全监督管理责任制。上级人民政府负责对下一级人民政府的食品安全监督管理工作进行评议、考核。县级以上地方人民政府负责对本级食品药品监督管理部门和其他有关部门的食品安全监督管理工作进行评议、考核。

第八条 县级以上人民政府应当将食品安全工作纳入本级国民经济和社会发展规划，将食品安全工作经费列入本级政府财政预算，加强食品安全监督管理能力建设，为食品安全工作提供保障。

县级以上人民政府食品药品监督管理部门和其他有关部门应当加强沟通、密切配合，按照各自职责分工，依法行使职权，承担责任。

第九条　食品行业协会应当加强行业自律，按照章程建立健全行业规范和奖惩机制，提供食品安全信息、技术等服务，引导和督促食品生产经营者依法生产经营，推动行业诚信建设，宣传、普及食品安全知识。

消费者协会和其他消费者组织对违反本法规定，损害消费者合法权益的行为，依法进行社会监督。

第十条　各级人民政府应当加强食品安全的宣传教育，普及食品安全知识，鼓励社会组织、基层群众性自治组织、食品生产经营者开展食品安全法律、法规以及食品安全标准和知识的普及工作，倡导健康的饮食方式，增强消费者食品安全意识和自我保护能力。

新闻媒体应当开展食品安全法律、法规以及食品安全标准和知识的公益宣传，并对食品安全违法行为进行舆论监督。有关食品安全的宣传报道应当真实、公正。

第十一条　国家鼓励和支持开展与食品安全有关的基础研究、应用研究，鼓励和支持食品生产经营者为提高食品安全水平采用先进技术和先进管理规范。

国家对农药的使用实行严格的管理制度，加快淘汰剧毒、高毒、高残留农药，推动替代产品的研发和应用，鼓励使用高效低毒低残留农药。

第十二条　任何组织或者个人有权举报食品安全违法行为，依法向有关部门了解食品安全信息，对食品安全监督管理工作提出意见和建议。

第十三条　对在食品安全工作中做出突出贡献的单位和个人，按照国家有关规定给予表彰、奖励。

第二章　食品安全风险监测和评估

第十四条　国家建立食品安全风险监测制度，对食源性疾病、食品污染以及食品中的有害因素进行监测。

国务院卫生行政部门会同国务院食品药品监督管理、质量监督等部门，制定、实施国家食品安全风险监测计划。

国务院食品药品监督管理部门和其他有关部门获知有关食品安全风险信息后，应当立即核实并向国务院卫生行政部门通报。对有关部门通报的食品安全风险信息以及医疗机构报告的食源性疾病等有关疾病信息，国务院卫生行政部门应当会同国务院有关部门分析研究，认为必要的，及时调整国家食品安全风险监测计划。

省、自治区、直辖市人民政府卫生行政部门会同同级食品药品监督管理、质量监督等部门，根据国家食品安全风险监测计划，结合本行政区域的具体情况，制定、调整本行政区域的食品安全风险监测方案，报国务院卫生行政部门备案并实施。

第十五条　承担食品安全风险监测工作的技术机构应当根据食品安全风险监测计划和监测方案开展监测工作，保证监测数据真实、准确，并按照食品安全风险监测计划和监测方案的要求报送监测数据和分析结果。

食品安全风险监测工作人员有权进入相关食用农产品种植养殖、食品生产经营场所采集样品、收集相关数据。采集样品应当按照市场价格支付费用。

第十六条　食品安全风险监测结果表明可能存在食品安全隐患的，县级以上人民政府卫生行政部门应当及时将相关信息通报同级食品药品监督管理等部门，并报告本级人民政府和上级人民政府卫生行政部门。食品药品监督管理等部门应当组织开展进一步调查。

　第十七条　国家建立食品安全风险评估制度，运用科学方法，根据食品安全风险监测信息、科学数据以及有关信息，对食品、食品添加剂、食品相关产品中生物性、化学性和物理性危害因素进行风险评估。

国务院卫生行政部门负责组织食品安全风险评估工作，成立由医学、农业、食品、营养、生物、环境等方面的专家组成的食品安全风险评估专家委员会进行食品安全风险评估。食品安全风险评估结果由国务院卫生行政部门公布。

对农药、肥料、兽药、饲料和饲料添加剂等的安全性评估，应当有食品安全风险评估专家委员会的专家参加。

食品安全风险评估不得向生产经营者收取费用，采集样品应当按照市场价格支付费用。

第十八条　有下列情形之一的，应当进行食品安全风险评估：

（一）通过食品安全风险监测或者接到举报发现食品、食品添加剂、食品相关产品可能存在安全隐患的；

（二）为制定或者修订食品安全国家标准提供科学依据需要进行风险评估的；

（三）为确定监督管理的重点领域、重点品种需要进行风险评估的；

（四）发现新的可能危害食品安全因素的；

（五）需要判断某一因素是否构成食品安全隐患的；

（六）国务院卫生行政部门认为需要进行风险评估的其他情形。

第十九条　国务院食品药品监督管理、质量监督、农业行政等部门在监督管理工作中发现需要进行食品安全风险评估的，应当向国务院卫生行政部门提出食品安全风险评估的建议，并提供风险来源、相关检验数据和结论等信息、资料。属于本法第十八条规定情形的，国务院卫生行政部门应当及时进行食品安全风险评估，并向国务院有关部门通报评估结果。

第二十条　省级以上人民政府卫生行政、农业行政部门应当及时相互通报食品、食用农产品安全风险监测信息。

国务院卫生行政、农业行政部门应当及时相互通报食品、食用农产品安全风险评估结果等信息。

第二十一条　食品安全风险评估结果是制定、修订食品安全标准和实施食品安全监督管理的科学依据。

经食品安全风险评估，得出食品、食品添加剂、食品相关产品不安全结论的，国务院食品药品监督管理、质量监督等部门应当依据各自职责立即向社会公告，告知消费者停止食用或者使用，并采取相应措施，确保该食品、食品添加剂、食品相关产品停止生产经营；需要制定、修订相关食品安全国家标准的，国务院卫生行政部门应当会同国务院食品药品监督管理部门立即制定、修订。

第二十二条　国务院食品药品监督管理部门应当会同国务院有关部门，根据食品安全风险评估结果、食品安全监督管理信息，对食品安全状况进行综合分析。对经综合分析表明可能具有较高程度安全风险的食品，国务院食品药品监督管理部门应当及时提出食品安全风险警示，并向社会公布。

第二十三条　县级以上人民政府食品药品监督管理部门和其他有关部门、食品安全风险评估专家委员会及其技术机构，应当按照科学、客观、及时、公开的原则，组织食品生产经营者、食品检验机构、认证机构、食品行业协会、消费者协会以及新闻媒体等，就食品安全风险评估信息和食品安全监督管理信息进行交流沟通。

第三章　食品安全标准

第二十四条　制定食品安全标准，应当以保障公众身体健康为宗旨，做到科学合理、安全可靠。

第二十五条　食品安全标准是强制执行的标准。除食品安全标准外，不得制定其他食品强制性标准。

　第二十六条　食品安全标准应当包括下列内容：

（一）食品、食品添加剂、食品相关产品中的致病性微生物，农药残留、兽药残留、生物毒素、重金属等污染物质以及其他危害人体健康物质的限量规定；

（二）食品添加剂的品种、使用范围、用量；

（三）专供婴幼儿和其他特定人群的主辅食品的营养成分要求；

（四）对与卫生、营养等食品安全要求有关的标签、标志、说明书的要求；

（五）食品生产经营过程的卫生要求；

（六）与食品安全有关的质量要求；

（七）与食品安全有关的食品检验方法与规程；

（八）其他需要制定为食品安全标准的内容。

第二十七条 食品安全国家标准由国务院卫生行政部门会同国务院食品药品监督管理部门制定、公布，国务院标准化行政部门提供国家标准编号。

食品中农药残留、兽药残留的限量规定及其检验方法与规程由国务院卫生行政部门、国务院农业行政部门会同国务院食品药品监督管理部门制定。

屠宰畜、禽的检验规程由国务院农业行政部门会同国务院卫生行政部门制定。

第二十八条 制定食品安全国家标准，应当依据食品安全风险评估结果并充分考虑食用农产品安全风险评估结果，参照相关的国际标准和国际食品安全风险评估结果，并将食品安全国家标准草案向社会公布，广泛听取食品生产经营者、消费者、有关部门等方面的意见。

食品安全国家标准应当经国务院卫生行政部门组织的食品安全国家标准审评委员会审查通过。食品安全国家标准审评委员会由医学、农业、食品、营养、生物、环境等方面的专家以及国务院有关部门、食品行业协会、消费者协会的代表组成，对食品安全国家标准草案的科学性和实用性等进行审查。

第二十九条　对地方特色食品，没有食品安全国家标准的，省、自治区、直辖市人民政府卫生行政部门可以制定并公布食品安全地方标准，报国务院卫生行政部门备案。食品安全国家标准制定后，该地方标准即行废止。

第三十条　国家鼓励食品生产企业制定严于食品安全国家标准或者地方标准的企业标准，在本企业适用，并报省、自治区、直辖市人民政府卫生行政部门备案。

第三十一条　省级以上人民政府卫生行政部门应当在其网站上公布制定和备案的食品安全国家标准、地方标准和企业标准，供公众免费查阅、下载。

对食品安全标准执行过程中的问题，县级以上人民政府卫生行政部门应当会同有关部门及时给予指导、解答。

第三十二条　省级以上人民政府卫生行政部门应当会同同级食品药品监督管理、质量监督、农业行政等部门，分别对食品安全国家标准和地方标准的执行情况进行跟踪评价，并根据评价结果及时修订食品安全标准。

省级以上人民政府食品药品监督管理、质量监督、农业行政等部门应当对食品安全标准执行中存在的问题进行收集、汇总，并及时向同级卫生行政部门通报。

食品生产经营者、食品行业协会发现食品安全标准在执行中存在问题的，应当立即向卫生行政部门报告。

第四章　食品生产经营

第一节　一般规定

第三十三条　食品生产经营应当符合食品安全标准，并符合下列要求：

（一）具有与生产经营的食品品种、数量相适应的食品原料处理和食品加工、包装、贮存等场所，保持该场所环境整洁，并与有毒、有害场所以及其他污染源保持规定的距离；

（二）具有与生产经营的食品品种、数量相适应的生产经营设备或者设施，有相应的消毒、更衣、盥洗、采光、照明、通风、防腐、防尘、防蝇、防鼠、防虫、洗涤以及处理废水、存放垃圾和废弃物的设备或者设施；

（三）有专职或者兼职的食品安全专业技术人员、食品安全管理人员和保证食品安全的规章制度；

（四）具有合理的设备布局和工艺流程，防止待加工食品与直接入口食品、原料与成品交叉污染，避免食品接触有毒物、不洁物；

（五）餐具、饮具和盛放直接入口食品的容器，使用前应当洗净、消毒，炊具、用具用后应当洗净，保持清洁；

（六）贮存、运输和装卸食品的容器、工具和设备应当安全、无害，保持清洁，防止食品污染，并符合保证食品安全所需的温度、湿度等特殊要求，不得将食品与有毒、有害物品一同贮存、运输；

（七）直接入口的食品应当使用无毒、清洁的包装材料、餐具、饮具和容器；

（八）食品生产经营人员应当保持个人卫生，生产经营食品时，应当将手洗净，穿戴清洁的工作衣、帽等；销售无包装的直接入口食品时，应当使用无毒、清洁的容器、售货工具和设备；

（九）用水应当符合国家规定的生活饮用水卫生标准；

（十）使用的洗涤剂、消毒剂应当对人体安全、无害；

（十一）法律、法规规定的其他要求。

非食品生产经营者从事食品贮存、运输和装卸的，应当符合前款第六项的规定。

第三十四条 禁止生产经营下列食品、食品添加剂、食品相关产品：

（一）用非食品原料生产的食品或者添加食品添加剂以外的化学物质和其他可能危害人体健康物质的食品，或者用回收食品作为原料生产的食品；

（二）致病性微生物，农药残留、兽药残留、生物毒素、重金属等污染物质以及其他危害人体健康的物质含量超过食品安全标准限量的食品、食品添加剂、食品相关产品；

（三）用超过保质期的食品原料、食品添加剂生产的食品、食品添加剂；

（四）超范围、超限量使用食品添加剂的食品；

（五）营养成分不符合食品安全标准的专供婴幼儿和其他特定人群的主辅食品；

（六）腐败变质、油脂酸败、霉变生虫、污秽不洁、混有异物、掺假掺杂或者感官性状异常的食品、食品添加剂；

（七）病死、毒死或者死因不明的禽、畜、兽、水产动物肉类及其制品；

（八）未按规定进行检疫或者检疫不合格的肉类，或者未经检验或者检验不合格的肉类制品；

（九）被包装材料、容器、运输工具等污染的食品、食品添加剂；

（十）标注虚假生产日期、保质期或者超过保质期的食品、食品添加剂；

（十一）无标签的预包装食品、食品添加剂；

（十二）国家为防病等特殊需要明令禁止生产经营的食品；

（十三）其他不符合法律、法规或者食品安全标准的食品、食品添加剂、食品相关产品。

第三十五条 国家对食品生产经营实行许可制度。从事食品生产、食品销售、餐饮服务，应当依法取得许可。但是，销售食用农产品，不需要取得许可。

县级以上地方人民政府食品药品监督管理部门应当依照《中华人民共和国行政许可法》的规定，审核申请人提交的本法第三十三条第一款第一项至第四项规定要求的相关资料，必要时对申请人的生产经营场所进行现场核查；对符合规定条件的，准予许可；对不符合规定条件的，不予许可并书面说明理由。

第三十六条 食品生产加工小作坊和食品摊贩等从事食品生产经营活动，应当符合本法规定的与其生产经营规模、条件相适应的食品安全要求，保证所生产经营的食品卫生、无毒、无害，食品药品监督管理部门应当对其加强监督管理。

县级以上地方人民政府应当对食品生产加工小作坊、食品摊贩等进行综合治理，加强服务和统一规划，改善其生产经营环境，鼓励和支持其改进生产经营条件，进入集中交易市场、店铺等固定场所经营，或者在指定的临时经营区域、时段经营。

食品生产加工小作坊和食品摊贩等的具体管理办法由省、自治区、直辖市制定。

第三十七条 利用新的食品原料生产食品，或者生产食品添加剂新品种、食品相关产品新品种，应当向国务院卫生行政部门提交相关产品的安全性评估材料。国务院卫生行政部门应当自收到申请之日起六十日内组织审查；对符合食品安全要求的，准予许可并公布；对不符合食品安全要求的，不予许可并书面说明理由。

第三十八条 生产经营的食品中不得添加药品，但是可以添加按照传统既是食品又是中药材的物质。按照传统既是食品又是中药材的物质目录由国务院卫生行政部门会同国务院食品药品监督管理部门制定、公布。

第三十九条 国家对食品添加剂生产实行许可制度。从事食品添加剂生产，应当具有与所生产食品添加剂品种相适应的场所、生产设备或者设施、专业技术人员和管理制度，并依照本法第三十五条第二款规定的程序，取得食品添加剂生产许可。

生产食品添加剂应当符合法律、法规和食品安全国家标准。

第四十条 食品添加剂应当在技术上确有必要且经过风险评估证明安全可靠，方可列入允许使用的范围；有关食品安全国家标准应当根据技术必要性和食品安全风险评估结果及时修订。

食品生产经营者应当按照食品安全国家标准使用食品添加剂。

第四十一条 生产食品相关产品应当符合法律、法规和食品安全国家标准。对直接接触食品的包装材料等具有较高风险的食品相关产品，按照国家有关工业产品生产许可证管理的规定实施生产许可。质量监督部门应当加强对食品相关产品生产活动的监督管理。

第四十二条 国家建立食品安全全程追溯制度。

食品生产经营者应当依照本法的规定，建立食品安全追溯体系，保证食品可追溯。国家鼓励食品生产经营者采用信息化手段采集、留存生产经营信息，建立食品安全追溯体系。

国务院食品药品监督管理部门会同国务院农业行政等有关部门建立食品安全全程追溯协作机制。

第四十三条 地方各级人民政府应当采取措施鼓励食品规模化生产和连锁经营、配送。

国家鼓励食品生产经营企业参加食品安全责任保险。

第二节　生产经营过程控制

第四十四条 食品生产经营企业应当建立健全食品安全管理制度，对职工进行食品安全知识培训，加强食品检验工作，依法从事生产经营活动。

食品生产经营企业的主要负责人应当落实企业食品安全管理制度，对本企业的食品安全工作全面负责。

食品生产经营企业应当配备食品安全管理人员，加强对其培训和考核。经考核不具备食品安全管理能力的，不得上岗。食品药品监督管理部门应当对企业食品安全管理人员随机进行监督抽查考核并公布考核情况。监督抽查考核不得收取费用。

第四十五条 食品生产经营者应当建立并执行从业人员健康管理制度。患有国务院卫生行政部门规定的有碍食品安全疾病的人员，不得从事接触直接入口食品的工作。

从事接触直接入口食品工作的食品生产经营人员应当每年进行健康检查，取得健康证明后方可上岗工作。

第四十六条 食品生产企业应当就下列事项制定并实施控制要求，保证所生产的食品符合食品安全标准：

（一）原料采购、原料验收、投料等原料控制；

（二）生产工序、设备、贮存、包装等生产关键环节控制；

（三）原料检验、半成品检验、成品出厂检验等检验控制；

（四）运输和交付控制。

第四十七条 食品生产经营者应当建立食品安全自查制度，定期对食品安全状况进行检查评价。生产经营条件发生变化，不再符合食品安全要求的，食品生产经营者应当立即采取整改措施；有发生食品安全事故潜在风险的，应当立即停止食品生产经营活动，并向所在地县级人民政府食品药品监督管理部门报告。

第四十八条 国家鼓励食品生产经营企业符合良好生产规范要求，实施危害分析与关键控制点体系，提高食品安全管理水平。

对通过良好生产规范、危害分析与关键控制点体系认证的食品生产经营企业，认证机构应当依法实施跟踪调查；对不再符合认证要求的企业，应当依法撤销认证，及时向县级以上人民政府食品药品监督管理部门通报，并向社会公布。认证机构实施跟踪调查不得收取费用。

第四十九条 食用农产品生产者应当按照食品安全标准和国家有关规定使用农药、肥料、兽药、饲料和饲料添加剂等农业投入品，严格执行农业投入品使用安全间隔期或者休药期的规定，不得使用国家明令禁止的农业投入品。禁止将剧毒、高毒农药用于蔬菜、瓜果、茶叶和中草药材等国家规定的农作物。

食用农产品的生产企业和农民专业合作经济组织应当建立农业投入品使用记录制度。

县级以上人民政府农业行政部门应当加强对农业投入品使用的监督管理和指导，建立健全农业投入品安全使用制度。

第五十条 食品生产者采购食品原料、食品添加剂、食品相关产品，应当查验供货者的许可证和产品合格证明；对无法提供合格证明的食品原料，应当按照食品安全标准进行检验；不得采购或者使用不符合食品安全标准的食品原料、食品添加剂、食品相关产品。

食品生产企业应当建立食品原料、食品添加剂、食品相关产品进货查验记录制度，如实记录食品原料、食品添加剂、食品相关产品的名称、规格、数量、生产日期或者生产批号、保质期、进货日期以及供货者名称、地址、联系方式等内容，并保存相关凭证。记录和凭证保存期限不得少于产品保质期满后六个月；没有明确保质期的，保存期限不得少于二年。

第五十一条 食品生产企业应当建立食品出厂检验记录制度，查验出厂食品的检验合格证和安全状况，如实记录食品的名称、规格、数量、生产日期或者生产批号、保质期、检验合格证号、销售日期以及购货者名称、地址、联系方式等内容，并保存相关凭证。记录和凭证保存期限应当符合本法第五十条第二款的规定。

第五十二条 食品、食品添加剂、食品相关产品的生产者，应当按照食品安全标准对所生产的食品、食品添加剂、食品相关产品进行检验，检验合格后方可出厂或者销售。

第五十三条 食品经营者采购食品，应当查验供货者的许可证和食品出厂检验合格证或者其他合格证明（以下称合格证明文件）。

食品经营企业应当建立食品进货查验记录制度，如实记录食品的名称、规格、数量、生产日期或者生产批号、保质期、进货日期以及供货者名称、地址、联系方式等内容，并保存相关凭证。记录和凭证保存期限应当符合本法第五十条第二款的规定。

实行统一配送经营方式的食品经营企业，可以由企业总部统一查验供货者的许可证和食品合格证明文件，进行食品进货查验记录。

从事食品批发业务的经营企业应当建立食品销售记录制度，如实记录批发食品的名称、规格、数量、生产日期或者生产批号、保质期、销售日期以及购货者名称、地址、联系方式等内容，并保存相关凭证。记录和凭证保存期限应当符合本法第五十条第二款的规定。

第五十四条 食品经营者应当按照保证食品安全的要求贮存食品，定期检查库存食品，及时清理变质或者超过保质期的食品。

食品经营者贮存散装食品，应当在贮存位置标明食品的名称、生产日期或者生产批号、保质期、生产者名称及联系方式等内容。

第五十五条 餐饮服务提供者应当制定并实施原料控制要求，不得采购不符合食品安全标准的食品原料。倡导餐饮服务提供者公开加工过程，公示食品原料及其来源等信息。

餐饮服务提供者在加工过程中应当检查待加工的食品及原料，发现有本法第三十四条第六项规定情形的，不得加工或者使用。

第五十六条 餐饮服务提供者应当定期维护食品加工、贮存、陈列等设施、设备；定期清洗、校验保温设施及冷藏、冷冻设施。

餐饮服务提供者应当按照要求对餐具、饮具进行清洗消毒，不得使用未经清洗消毒的餐具、饮具；餐饮服务提供者委托清洗消毒餐具、饮具的，应当委托符合本法规定条件的餐具、饮具集中消毒服务单位。

第五十七条 学校、托幼机构、养老机构、建筑工地等集中用餐单位的食堂应当严格遵守法律、法规和食品安全标准；从供餐单位订餐的，应当从取得食品生产经营许可的企业订购，并按照要求对订购的食品进行查验。供餐单位应当严格遵守法律、法规和食品安全标准，当餐加工，确保食品安全。

学校、托幼机构、养老机构、建筑工地等集中用餐单位的主管部门应当加强对集中用餐单位的食品安全教育和日常管理，降低食品安全风险，及时消除食品安全隐患。

第五十八条　餐具、饮具集中消毒服务单位应当具备相应的作业场所、清洗消毒设备或者设施，用水和使用的洗涤剂、消毒剂应当符合相关食品安全国家标准和其他国家标准、卫生规范。

餐具、饮具集中消毒服务单位应当对消毒餐具、饮具进行逐批检验，检验合格后方可出厂，并应当随附消毒合格证明。消毒后的餐具、饮具应当在独立包装上标注单位名称、地址、联系方式、消毒日期以及使用期限等内容。

第五十九条　食品添加剂生产者应当建立食品添加剂出厂检验记录制度，查验出厂产品的检验合格证和安全状况，如实记录食品添加剂的名称、规格、数量、生产日期或者生产批号、保质期、检验合格证号、销售日期以及购货者名称、地址、联系方式等相关内容，并保存相关凭证。记录和凭证保存期限应当符合本法第五十条第二款的规定。

第六十条　食品添加剂经营者采购食品添加剂，应当依法查验供货者的许可证和产品合格证明文件，如实记录食品添加剂的名称、规格、数量、生产日期或者生产批号、保质期、进货日期以及供货者名称、地址、联系方式等内容，并保存相关凭证。记录和凭证保存期限应当符合本法第五十条第二款的规定。

第六十一条　集中交易市场的开办者、柜台出租者和展销会举办者，应当依法审查入场食品经营者的许可证，明确其食品安全管理责任，定期对其经营环境和条件进行检查，发现其有违反本法规定行为的，应当及时制止并立即报告所在地县级人民政府食品药品监督管理部门。

第六十二条　网络食品交易第三方平台提供者应当对入网食品经营者进行实名登记，明确其食品安全管理责任；依法应当取得许可证的，还应当审查其许可证。

网络食品交易第三方平台提供者发现入网食品经营者有违反本法规定行为的，应当及时制止并立即报告所在地县级人民政府食品药品监督管理部门；发现严重违法行为的，应当立即停止提供网络交易平台服务。

第六十三条　国家建立食品召回制度。食品生产者发现其生产的食品不符合食品安全标准或者有证据证明可能危害人体健康的，应当立即停止生产，召回已经上市销售的食品，通知相关生产经营者和消费者，并记录召回和通知情况。

食品经营者发现其经营的食品有前款规定情形的，应当立即停止经营，通知相关生产经营者和消费者，并记录停止经营和通知情况。食品生产者认为应当召回的，应当立即召回。由于食品经营者的原因造成其经营的食品有前款规定情形的，食品经营者应当召回。

食品生产经营者应当对召回的食品采取无害化处理、销毁等措施，防止其再次流入市场。但是，对因标签、标志或者说明书不符合食品安全标准而被召回的食品，食品生产者在采取补救措施且能保证食品安全的情况下可以继续销售；销售时应当向消费者明示补救措施。

食品生产经营者应当将食品召回和处理情况向所在地县级人民政府食品药品监督管理部门报告；需要对召回的食品进行无害化处理、销毁的，应当提前报告时间、地点。食品药品监督管理部门认为必要的，可以实施现场监督。

食品生产经营者未依照本条规定召回或者停止经营的，县级以上人民政府食品药品监督管理部门可以责令其召回或者停止经营。

第六十四条　食用农产品批发市场应当配备检验设备和检验人员或者委托符合本法规定的食品检验机构，对进入该批发市场销售的食用农产品进行抽样检验；发现不符合食品安全标准的，应当要求销售者立即停止销售，并向食品药品监督管理部门报告。

第六十五条　食用农产品销售者应当建立食用农产品进货查验记录制度，如实记录食用农产品的名称、数量、进货日期以及供货者名称、地址、联系方式等内容，并保存相关凭证。记录和凭证保存期限不得少于六个月。

第六十六条　进入市场销售的食用农产品在包装、保鲜、贮存、运输中使用保鲜剂、防腐剂等食品添加剂和包装材料等食品相关产品，应当符合食品安全国家标准。

第三节　标签、说明书和广告

第六十七条　预包装食品的包装上应当有标签。标签应当标明下列事项：

（一）名称、规格、净含量、生产日期；

（二）成分或者配料表；

（三）生产者的名称、地址、联系方式；

（四）保质期；

（五）产品标准代号；

（六）贮存条件；

（七）所使用的食品添加剂在国家标准中的通用名称；

（八）生产许可证编号；

（九）法律、法规或者食品安全标准规定应当标明的其他事项。

专供婴幼儿和其他特定人群的主辅食品，其标签还应当标明主要营养成分及其含量。

食品安全国家标准对标签标注事项另有规定的，从其规定。

第六十八条　食品经营者销售散装食品，应当在散装食品的容器、外包装上标明食品的名称、生产日期或者生产批号、保质期以及生产经营者名称、地址、联系方式等内容。

第六十九条　生产经营转基因食品应当按照规定显著标示。

第七十条　食品添加剂应当有标签、说明书和包装。标签、说明书应当载明本法第六十七条第一款第一项至第六项、第八项、第九项规定的事项，以及食品添加剂的使用范围、用量、使用方法，并在标签上载明"食品添加剂"字样。

第七十一条　食品和食品添加剂的标签、说明书，不得含有虚假内容，不得涉及疾病预防、治疗功能。生产经营者对其提供的标签、说明书的内容负责。

食品和食品添加剂的标签、说明书应当清楚、明显，生产日期、保质期等事项应当显著标注，容易辨识。

食品和食品添加剂与其标签、说明书的内容不符的，不得上市销售。

第七十二条　食品经营者应当按照食品标签标示的警示标志、警示说明或者注意事项的要求销售食品。

第七十三条　食品广告的内容应当真实合法，不得含有虚假内容，不得涉及疾病预防、治疗功能。食品生产经营者对食品广告内容的真实性、合法性负责。

县级以上人民政府食品药品监督管理部门和其他有关部门以及食品检验机构、食品行业协会不得以广告或者其他形式向消费者推荐食品。消费者组织不得以收取费用或者其他牟取利益的方式向消费者推荐食品。

第四节　特殊食品

第七十四条　国家对保健食品、特殊医学用途配方食品和婴幼儿配方食品等特殊食品实行严格监督管理。

第七十五条　保健食品声称保健功能，应当具有科学依据，不得对人体产生急性、亚急性或者慢性危害。

保健食品原料目录和允许保健食品声称的保健功能目录，由国务院食品药品监督管理部门会同国务院卫生行政部门、国家中医药管理部门制定、调整并公布。

保健食品原料目录应当包括原料名称、用量及其对应的功效；列入保健食品原料目录的原料只能用于保健食品生产，不得用于其他食品生产。

第七十六条　使用保健食品原料目录以外原料的保健食品和首次进口的保健食品应当经国务院食品药品监督管理部门注册。但是，首次进口的保健食品中属于补充维生素、矿物质等营养物质的，应当报国务院食品药品监督管理部门备案。其他保健食品应当报省、自治区、直辖市人民政府食品药品监督管理部门备案。

进口的保健食品应当是出口国（地区）主管部门准许上市销售的产品。

第七十七条　依法应当注册的保健食品，注册时应当提交保健食品的研发报告、产品配方、生产工艺、安全性和保健功能评价、标签、说明书等材料及样品，并提供相关证明文件。国务院食品药品监督管理部门经组织技术审评，对符合安全和功能声称要求的，准予注册；对不符合要求的，不予注册并书面说明理由。对使用保健食品原料目录以外原料的保健食品作出准予注册决定的，应当及时将该原料纳入保健食品原料目录。

依法应当备案的保健食品，备案时应当提交产品配方、生产工艺、标签、说明书以及表明产品安全性和保健功能的材料。

第七十八条　保健食品的标签、说明书不得涉及疾病预防、治疗功能，内容应当真实，与注册或者备案的内容相一致，载明适宜人群、不适宜人群、功效成分或者标志性成分及其含量等，并声明"本品不能代替药物"。保健食品的功能和成分应当与标签、说明书相一致。

第七十九条　保健食品广告除应当符合本法第七十三条第一款的规定外，还应当声明"本品不能代替药物"；其内容应当经生产企业所在地省、自治区、直辖市人民政府食品药品监督管理部门审查批准，取得保健食品广告批准文件。省、自治区、直辖市人民政府食品药品监督管理部门应当公布并及时更新已经批准的保健食品广告目录以及批准的广告内容。

第八十条 特殊医学用途配方食品应当经国务院食品药品监督管理部门注册。注册时，应当提交产品配方、生产工艺、标签、说明书以及表明产品安全性、营养充足性和特殊医学用途临床效果的材料。

特殊医学用途配方食品广告适用《中华人民共和国广告法》和其他法律、行政法规关于药品广告管理的规定。

第八十一条 婴幼儿配方食品生产企业应当实施从原料进厂到成品出厂的全过程质量控制，对出厂的婴幼儿配方食品实施逐批检验，保证食品安全。

生产婴幼儿配方食品使用的生鲜乳、辅料等食品原料、食品添加剂等，应当符合法律、行政法规的规定和食品安全国家标准，保证婴幼儿生长发育所需的营养成分。

婴幼儿配方食品生产企业应当将食品原料、食品添加剂、产品配方及标签等事项向省、自治区、直辖市人民政府食品药品监督管理部门备案。

婴幼儿配方乳粉的产品配方应当经国务院食品药品监督管理部门注册。注册时，应当提交配方研发报告和其他表明配方科学性、安全性的材料。

不得以分装方式生产婴幼儿配方乳粉，同一企业不得用同一配方生产不同品牌的婴幼儿配方乳粉。

第八十二条 保健食品、特殊医学用途配方食品、婴幼儿配方乳粉的注册人或者备案人应当对其提交材料的真实性负责。

省级以上人民政府食品药品监督管理部门应当及时公布注册或者备案的保健食品、特殊医学用途配方食品、婴幼儿配方乳粉目录，并对注册或者备案中获知的企业商业秘密予以保密。

保健食品、特殊医学用途配方食品、婴幼儿配方乳粉生产企业应当按照注册或者备案的产品配方、生产工艺等技术要求组织生产。

第八十三条 生产保健食品，特殊医学用途配方食品、婴幼儿配方食品和其他专供特定人群的主辅食品的企业，应当按照良好生产规范的要求建立与所生产食品相适应的生产质量管理体系，定期对该体系的运行情况进行自查，保证其有效运行，并向所在地县级人民政府食品药品监督管理部门提交自查报告。

第五章　食品检验

第八十四条 食品检验机构按照国家有关认证认可的规定取得资质认定后，方可从事食品检验活动。但是，法律另有规定的除外。

食品检验机构的资质认定条件和检验规范，由国务院食品药品监督管理部门规定。

符合本法规定的食品检验机构出具的检验报告具有同等效力。

县级以上人民政府应当整合食品检验资源，实现资源共享。

第八十五条 食品检验由食品检验机构指定的检验人独立进行。

检验人应当依照有关法律、法规的规定，并按照食品安全标准和检验规范对食品进行检验，尊重科学，恪守职业道德，保证出具的检验数据和结论客观、公正，不得出具虚假检验报告。

第八十六条 食品检验实行食品检验机构与检验人负责制。食品检验报告应当加盖食品检验机构公章，并有检验人的签名或者盖章。食品检验机构和检验人对出具的食品检验报告负责。

第八十七条 县级以上人民政府食品药品监督管理部门应当对食品进行定期或者不定期的抽样检验，并依据有关规定公布检验结果，不得免检。进行抽样检验，应当购买抽取的样品，委托符合本法规定的食品检验机构进行检验，并支付相关费用；不得向食品生产经营者收取检验费和其他费用。

第八十八条　对依照本法规定实施的检验结论有异议的，食品生产经营者可以自收到检验结论之日起七个工作日内向实施抽样检验的食品药品监督管理部门或者其上一级食品药品监督管理部门提出复检申请，由受理复检申请的食品药品监督管理部门在公布的复检机构名录中随机确定复检机构进行复检。复检机构出具的复检结论为最终检验结论。复检机构与初检机构不得为同一机构。复检机构名录由国务院认证认可监督管理、食品药品监督管理、卫生行政、农业行政等部门共同公布。

采用国家规定的快速检测方法对食用农产品进行抽查检测，被抽查人对检测结果有异议的，可以自收到检测结果时起四小时内申请复检。复检不得采用快速检测方法。

第八十九条　食品生产企业可以自行对所生产的食品进行检验，也可以委托符合本法规定的食品检验机构进行检验。

食品行业协会和消费者协会等组织、消费者需要委托食品检验机构对食品进行检验的，应当委托符合本法规定的食品检验机构进行。

第九十条　食品添加剂的检验，适用本法有关食品检验的规定。

第六章　食品进出口

第九十一条　国家出入境检验检疫部门对进出口食品安全实施监督管理。

第九十二条　进口的食品、食品添加剂、食品相关产品应当符合我国食品安全国家标准。

进口的食品、食品添加剂应当经出入境检验检疫机构依照进出口商品检验相关法律、行政法规的规定检验合格。

进口的食品、食品添加剂应当按照国家出入境检验检疫部门的要求随附合格证明材料。

第九十三条　进口尚无食品安全国家标准的食品，由境外出口商、境外生产企业或者其委托的进口商向国务院卫生行政部门提交所执行的相关国家（地区）标准或者国际标准。国务院卫生行政部门对相关标准进行审查，认为符合食品安全要求的，决定暂予适用，并及时制定相应的食品安全国家标准。进口利用新的食品原料生产的食品或者进口食品添加剂新品种、食品相关产品新品种，依照本法第三十七条的规定办理。

出入境检验检疫机构按照国务院卫生行政部门的要求，对前款规定的食品、食品添加剂、食品相关产品进行检验。检验结果应当公开。

第九十四条 境外出口商、境外生产企业应当保证向我国出口的食品、食品添加剂、食品相关产品符合本法以及我国其他有关法律、行政法规的规定和食品安全国家标准的要求，并对标签、说明书的内容负责。

进口商应当建立境外出口商、境外生产企业审核制度，重点审核前款规定的内容；审核不合格的，不得进口。

发现进口食品不符合我国食品安全国家标准或者有证据证明可能危害人体健康的，进口商应当立即停止进口，并依照本法第六十三条的规定召回。

第九十五条 境外发生的食品安全事件可能对我国境内造成影响，或者在进口食品、食品添加剂、食品相关产品中发现严重食品安全问题的，国家出入境检验检疫部门应当及时采取风险预警或者控制措施，并向国务院食品药品监督管理、卫生行政、农业行政部门通报。接到通报的部门应当及时采取相应措施。

县级以上人民政府食品药品监督管理部门对国内市场上销售的进口食品、食品添加剂实施监督管理。发现存在严重食品安全问题的，国务院食品药品监督管理部门应当及时向国家出入境检验检疫部门通报。国家出入境检验检疫部门应当及时采取相应措施。

第九十六条 向我国境内出口食品的境外出口商或者代理商、进口食品的进口商应当向国家出入境检验检疫部门备案。向我国境内出口食品的境外食品生产企业应当经国家出入境检验检疫部门注册。已经注册的境外食品生产企业提供虚假材料，或者因其自身的原因致使进口食品发生重大食品安全事故的，国家出入境检验检疫部门应当撤销注册并公告。

国家出入境检验检疫部门应当定期公布已经备案的境外出口商、代理商、进口商和已经注册的境外食品生产企业名单。

第九十七条　进口的预包装食品、食品添加剂应当有中文标签；依法应当有说明书的，还应当有中文说明书。标签、说明书应当符合本法以及我国其他有关法律、行政法规的规定和食品安全国家标准的要求，并载明食品的原产地以及境内代理商的名称、地址、联系方式。预包装食品没有中文标签、中文说明书或者标签、说明书不符合本条规定的，不得进口。

第九十八条　进口商应当建立食品、食品添加剂进口和销售记录制度，如实记录食品、食品添加剂的名称、规格、数量、生产日期、生产或者进口批号、保质期、境外出口商和购货者名称、地址及联系方式、交货日期等内容，并保存相关凭证。记录和凭证保存期限应当符合本法第五十条第二款的规定。

第九十九条　出口食品生产企业应当保证其出口食品符合进口国（地区）的标准或者合同要求。

出口食品生产企业和出口食品原料种植、养殖场应当向国家出入境检验检疫部门备案。

第一百条　国家出入境检验检疫部门应当收集、汇总下列进出口食品安全信息，并及时通报相关部门、机构和企业：

（一）出入境检验检疫机构对进出口食品实施检验检疫发现的食品安全信息；

（二）食品行业协会和消费者协会等组织、消费者反映的进口食品安全信息；

（三）国际组织、境外政府机构发布的风险预警信息及其他食品安全信息，以及境外食品行业协会等组织、消费者反映的食品安全信息；

（四）其他食品安全信息。

国家出入境检验检疫部门应当对进出口食品的进口商、出口商和出口食品生产企业实施信用管理，建立信用记录，并依法向社会公布。对有不良记录的进口商、出口商和出口食品生产企业，应当加强对其进出口食品的检验检疫。

第一百零一条　国家出入境检验检疫部门可以对向我国境内出口食品的国家（地区）的食品安全管理体系和食品安全状况进行评估和审查，并根据评估和审查结果，确定相应检验检疫要求。

第七章　食品安全事故处置

第一百零二条　国务院组织制定国家食品安全事故应急预案。

县级以上地方人民政府应当根据有关法律、法规的规定和上级人民政府的食品安全事故应急预案以及本行政区域的实际情况，制定本行政区域的食品安全事故应急预案，并报上一级人民政府备案。

食品安全事故应急预案应当对食品安全事故分级、事故处置组织指挥体系与职责、预防预警机制、处置程序、应急保障措施等作出规定。

食品生产经营企业应当制定食品安全事故处置方案，定期检查本企业各项食品安全防范措施的落实情况，及时消除事故隐患。

第一百零三条　发生食品安全事故的单位应当立即采取措施，防止事故扩大。事故单位和接收病人进行治疗的单位应当及时向事故发生地县级人民政府食品药品监督管理、卫生行政部门报告。

县级以上人民政府质量监督、农业行政等部门在日常监督管理中发现食品安全事故或者接到事故举报，应当立即向同级食品药品监督管理部门通报。

发生食品安全事故，接到报告的县级人民政府食品药品监督管理部门应当按照应急预案的规定向本级人民政府和上级人民政府食品药品监督管理部门报告。县级人民政府和上级人民政府食品药品监督管理部门应当按照应急预案的规定上报。

任何单位和个人不得对食品安全事故隐瞒、谎报、缓报，不得隐匿、伪造、毁灭有关证据。

第一百零四条 医疗机构发现其接收的病人属于食源性疾病病人或者疑似病人的，应当按照规定及时将相关信息向所在地县级人民政府卫生行政部门报告。县级人民政府卫生行政部门认为与食品安全有关的，应当及时通报同级食品药品监督管理部门。

县级以上人民政府卫生行政部门在调查处理传染病或者其他突发公共卫生事件中发现与食品安全相关的信息，应当及时通报同级食品药品监督管理部门。

第一百零五条 县级以上人民政府食品药品监督管理部门接到食品安全事故的报告后，应当立即会同同级卫生行政、质量监督、农业行政等部门进行调查处理，并采取下列措施，防止或者减轻社会危害：

（一）开展应急救援工作，组织救治因食品安全事故导致人身伤害的人员；

（二）封存可能导致食品安全事故的食品及其原料，并立即进行检验；对确认属于被污染的食品及其原料，责令食品生产经营者依照本法第六十三条的规定召回或者停止经营；

（三）封存被污染的食品相关产品，并责令进行清洗消毒；

（四）做好信息发布工作，依法对食品安全事故及其处理情况进行发布，并对可能产生的危害加以解释、说明。

发生食品安全事故需要启动应急预案的，县级以上人民政府应当立即成立事故处置指挥机构，启动应急预案，依照前款和应急预案的规定进行处置。

发生食品安全事故，县级以上疾病预防控制机构应当对事故现场进行卫生处理，并对与事故有关的因素开展流行病学调查，有关部门应当予以协助。县级以上疾病预防控制机构应当向同级食品药品监督管理、卫生行政部门提交流行病学调查报告。

第一百零六条　发生食品安全事故，设区的市级以上人民政府食品药品监督管理部门应当立即会同有关部门进行事故责任调查，督促有关部门履行职责，向本级人民政府和上一级人民政府食品药品监督管理部门提出事故责任调查处理报告。

涉及两个以上省、自治区、直辖市的重大食品安全事故由国务院食品药品监督管理部门依照前款规定组织事故责任调查。

第一百零七条　调查食品安全事故，应当坚持实事求是、尊重科学的原则，及时、准确查清事故性质和原因，认定事故责任，提出整改措施。

调查食品安全事故，除了查明事故单位的责任，还应当查明有关监督管理部门、食品检验机构、认证机构及其工作人员的责任。

第一百零八条　食品安全事故调查部门有权向有关单位和个人了解与事故有关的情况，并要求提供相关资料和样品。有关单位和个人应当予以配合，按照要求提供相关资料和样品，不得拒绝。

任何单位和个人不得阻挠、干涉食品安全事故的调查处理。

第八章　监督管理

第一百零九条　县级以上人民政府食品药品监督管理、质量监督部门根据食品安全风险监测、风险评估结果和食品安全状况等，确定监督管理的重点、方式和频次，实施风险分级管理。

县级以上地方人民政府组织本级食品药品监督管理、质量监督、农业行政等部门制定本行政区域的食品安全年度监督管理计划，向社会公布并组织实施。

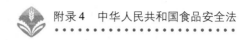

食品安全年度监督管理计划应当将下列事项作为监督管理的重点：

（一）专供婴幼儿和其他特定人群的主辅食品；

（二）保健食品生产过程中的添加行为和按照注册或者备案的技术要求组织生产的情况，保健食品标签、说明书以及宣传材料中有关功能宣传的情况；

（三）发生食品安全事故风险较高的食品生产经营者；

（四）食品安全风险监测结果表明可能存在食品安全隐患的事项。

第一百一十条　县级以上人民政府食品药品监督管理、质量监督部门履行各自食品安全监督管理职责，有权采取下列措施，对生产经营者遵守本法的情况进行监督检查：

（一）进入生产经营场所实施现场检查；

（二）对生产经营的食品、食品添加剂、食品相关产品进行抽样检验；

（三）查阅、复制有关合同、票据、账簿以及其他有关资料；

（四）查封、扣押有证据证明不符合食品安全标准或者有证据证明存在安全隐患以及用于违法生产经营的食品、食品添加剂、食品相关产品；

（五）查封违法从事生产经营活动的场所。

第一百一十一条　对食品安全风险评估结果证明食品存在安全隐患，需要制定、修订食品安全标准的，在制定、修订食品安全标准前，国务院卫生行政部门应当及时会同国务院有关部门规定食品中有害物质的临时限量值和临时检验方法，作为生产经营和监督管理的依据。

第一百一十二条　县级以上人民政府食品药品监督管理部门在食品安全监督管理工作中可以采用国家规定的快速检测方法对食品进行抽查检测。

对抽查检测结果表明可能不符合食品安全标准的食品，应当依照本法第八十七条的规定进行检验。抽查检测结果确定有关食品不符合食品安全标准的，可以作为行政处罚的依据。

第一百一十三条　县级以上人民政府食品药品监督管理部门应当建立食品生产经营者食品安全信用档案，记录许可颁发、日常监督检查结果、违法行为查处等情况，依法向社会公布并实时更新；对有不良信用记录的食品生产经营者增加监督检查频次，对违法行为情节严重的食品生产经营者，可以通报投资主管部门、证券监督管理机构和有关的金融机构。

第一百一十四条　食品生产经营过程中存在食品安全隐患，未及时采取措施消除的，县级以上人民政府食品药品监督管理部门可以对食品生产经营者的法定代表人或者主要负责人进行责任约谈。食品生产经营者应当立即采取措施，进行整改，消除隐患。责任约谈情况和整改情况应当纳入食品生产经营者食品安全信用档案。

第一百一十五条　县级以上人民政府食品药品监督管理、质量监督等部门应当公布本部门的电子邮件地址或者电话，接受咨询、投诉、举报。接到咨询、投诉、举报，对属于本部门职责的，应当受理并在法定期限内及时答复、核实、处理；对不属于本部门职责的，应当移交有权处理的部门并书面通知咨询、投诉、举报人。有权处理的部门应当在法定期限内及时处理，不得推诿。对查证属实的举报，给予举报人奖励。

有关部门应当对举报人的信息予以保密，保护举报人的合法权益。举报人举报所在企业的，该企业不得以解除、变更劳动合同或者其他方式对举报人进行打击报复。

第一百一十六条　县级以上人民政府食品药品监督管理、质量监督等部门应当加强对执法人员食品安全法律、法规、标准和专业知识与执法能力等的培训，并组织考核。不具备相应知识和能力的，不得从事食品安全执法工作。

食品生产经营者、食品行业协会、消费者协会等发现食品安全执法人员在执法过程中有违反法律、法规规定的行为以及不规范执法行为的，可以向本级或者上级人民政府食品药品监督管理、质量监督等部门或者监察机关投诉、举报。接到投诉、举报的部门或者机关应当进行核实，并将经核实的情况向食品安全执法人员所在部门通报；涉嫌违法违纪的，按照本法和有关规定处理。

第一百一十七条　县级以上人民政府食品药品监督管理等部门未及时发现食品安全系统性风险，未及时消除监督管理区域内的食品安全隐患的，本级人民政府可以对其主要负责人进行责任约谈。

地方人民政府未履行食品安全职责，未及时消除区域性重大食品安全隐患的，上级人民政府可以对其主要负责人进行责任约谈。

被约谈的食品药品监督管理等部门、地方人民政府应当立即采取措施，对食品安全监督管理工作进行整改。

责任约谈情况和整改情况应当纳入地方人民政府和有关部门食品安全监督管理工作评议、考核记录。

第一百一十八条　国家建立统一的食品安全信息平台，实行食品安全信息统一公布制度。国家食品安全总体情况、食品安全风险警示信息、重大食品安全事故及其调查处理信息和国务院确定需要统一公布的其他信息由国务院食品药品监督管理部门统一公布。食品安全风险警示信息和重大食品安全事故及其调查处理信息的影响限于特定区域的，也可以由有关省、自治区、直辖市人民政府食品药品监督管理部门公布。未经授权不得发布上述信息。

县级以上人民政府食品药品监督管理、质量监督、农业行政部门依据各自职责公布食品安全日常监督管理信息。

公布食品安全信息，应当做到准确、及时，并进行必要的解释说明，避免误导消费者和社会舆论。

第一百一十九条　县级以上地方人民政府食品药品监督管理、卫生行政、质量监督、农业行政部门获知本法规定需要统一公布的信息，应当向上级主管部门报告，由上级主管部门立即报告国务院食品药品监督管理部门；必要时，可以直接向国务院食品药品监督管理部门报告。

县级以上人民政府食品药品监督管理、卫生行政、质量监督、农业行政部门应当相互通报获知的食品安全信息。

第一百二十条　任何单位和个人不得编造、散布虚假食品安全信息。

县级以上人民政府食品药品监督管理部门发现可能误导消费者和社会舆论的食品安全信息，应当立即组织有关部门、专业机构、相关食品生产经营者等进行核实、分析，并及时公布结果。

第一百二十一条　县级以上人民政府食品药品监督管理、质量监督等部门发现涉嫌食品安全犯罪的，应当按照有关规定及时将案件移送公安机关。对移送的案件，公安机关应当及时审查；认为有犯罪事实需要追究刑事责任的，应当立案侦查。

公安机关在食品安全犯罪案件侦查过程中认为没有犯罪事实，或者犯罪事实显著轻微，不需要追究刑事责任，但依法应当追究行政责任的，应当及时将案件移送食品药品监督管理、质量监督等部门和监察机关，有关部门应当依法处理。

公安机关商请食品药品监督管理、质量监督、环境保护等部门提供检验结论、认定意见以及对涉案物品进行无害化处理等协助的，有关部门应当及时提供，予以协助。

第九章　法律责任

第一百二十二条　违反本法规定，未取得食品生产经营许可从事食品生产经营活动，或者未取得食品添加剂生产许可从事食品添加剂生产活动的，由县级以上人民政府食品药品监督管理部门没收违法所得和违法生产经营的食品、食品添加剂以及用于违法生产经营的工具、设备、原料等物品；违法生产经营的食品、食品添加剂货值金额不足一万元的，并处五万元以上十万元以下罚款；货值金额一万元以上的，并处货值金额十倍以上二十倍以下罚款。

明知从事前款规定的违法行为，仍为其提供生产经营场所或者其他条件的，由县级以上人民政府食品药品监督管理部门责令停止违法行为，没收违法所得，并处五万元以上十万元以下罚款；使消费者的合法权益受到损害的，应当与食品、食品添加剂生产经营者承担连带责任。

第一百二十三条 违反本法规定，有下列情形之一，尚不构成犯罪的，由县级以上人民政府食品药品监督管理部门没收违法所得和违法生产经营的食品，并可以没收用于违法生产经营的工具、设备、原料等物品；违法生产经营的食品货值金额不足一万元的，并处十万元以上十五万元以下罚款；货值金额一万元以上的，并处货值金额十五倍以上三十倍以下罚款；情节严重的，吊销许可证，并可以由公安机关对其直接负责的主管人员和其他直接责任人员处五日以上十五日以下拘留：

（一）用非食品原料生产食品、在食品中添加食品添加剂以外的化学物质和其他可能危害人体健康的物质，或者用回收食品作为原料生产食品，或者经营上述食品；

（二）生产经营营养成分不符合食品安全标准的专供婴幼儿和其他特定人群的主辅食品；

（三）经营病死、毒死或者死因不明的禽、畜、兽、水产动物肉类，或者生产经营其制品；

（四）经营未按规定进行检疫或者检疫不合格的肉类，或者生产经营未经检验或者检验不合格的肉类制品；

（五）生产经营国家为防病等特殊需要明令禁止生产经营的食品；

（六）生产经营添加药品的食品。

明知从事前款规定的违法行为，仍为其提供生产经营场所或者其他条件的，由县级以上人民政府食品药品监督管理部门责令停止违法行为，没收违法所得，并处十万元以上二十万元以下罚款；使消费者的合法权益受到损害的，应当与食品生产经营者承担连带责任。

违法使用剧毒、高毒农药的，除依照有关法律、法规规定给予处罚外，可以由公安机关依照第一款规定给予拘留。

第一百二十四条 违反本法规定，有下列情形之一，尚不构成犯罪的，由县级以上人民政府食品药品监督管理部门没收违法所得和违法生产经营的食品、食品添加剂，并可以没收用于违法生产经营的工具、设备、原料等物品；违法生产经营的食品、食品添加剂货值金额不足一万元的，并处五万元以上十万元以下罚款；货值金额一万元以上的，并处货值金额十倍以上二十倍以下罚款；情节严重的，吊销许可证：

（一）生产经营致病性微生物，农药残留、兽药残留、生物毒素、重金属等污染物质以及其他危害人体健康的物质含量超过食品安全标准限量的食品、食品添加剂；

（二）用超过保质期的食品原料、食品添加剂生产食品、食品添加剂，或者经营上述食品、食品添加剂；

（三）生产经营超范围、超限量使用食品添加剂的食品；

（四）生产经营腐败变质、油脂酸败、霉变生虫、污秽不洁、混有异物、掺假掺杂或者感官性状异常的食品、食品添加剂；

（五）生产经营标注虚假生产日期、保质期或者超过保质期的食品、食品添加剂；

（六）生产经营未按规定注册的保健食品、特殊医学用途配方食品、婴幼儿配方乳粉，或者未按注册的产品配方、生产工艺等技术要求组织生产；

（七）以分装方式生产婴幼儿配方乳粉，或者同一企业以同一配方生产不同品牌的婴幼儿配方乳粉；

（八）利用新的食品原料生产食品，或者生产食品添加剂新品种，未通过安全性评估；

（九）食品生产经营者在食品药品监督管理部门责令其召回或者停止经营后，仍拒不召回或者停止经营。

除前款和本法第一百二十三条、第一百二十五条规定的情形外，生产经营不符合法律、法规或者食品安全标准的食品、食品添加剂的，依照前款规定给予处罚。

生产食品相关产品新品种，未通过安全性评估，或者生产不符合食品安全标准的食品相关产品的，由县级以上人民政府质量监督部门依照第一款规定给予处罚。

第一百二十五条　违反本法规定，有下列情形之一的，由县级以上人民政府食品药品监督管理部门没收违法所得和违法生产经营的食品、食品添加剂，并可以没收用于违法生产经营的工具、设备、原料等物品；违法生产经营的食品、食品添加剂货值金额不足一万元的，并处五千元以上五万元以下罚款；货值金额一万元以上的，并处货值金额五倍以上十倍以下罚款；情节严重的，责令停产停业，直至吊销许可证：

（一）生产经营被包装材料、容器、运输工具等污染的食品、食品添加剂；

（二）生产经营无标签的预包装食品、食品添加剂或者标签、说明书不符合本法规定的食品、食品添加剂；

（三）生产经营转基因食品未按规定进行标示；

（四）食品生产经营者采购或者使用不符合食品安全标准的食品原料、食品添加剂、食品相关产品。

生产经营的食品、食品添加剂的标签、说明书存在瑕疵但不影响食品安全且不会对消费者造成误导的，由县级以上人民政府食品药品监督管理部门责令改正；拒不改正的，处二千元以下罚款。

第一百二十六条　违反本法规定，有下列情形之一的，由县级以上人民政府食品药品监督管理部门责令改正，给予警告；拒不改正的，处五千元以上五万元以下罚款；情节严重的，责令停产停业，直至吊销许可证：

（一）食品、食品添加剂生产者未按规定对采购的食品原料和生产

的食品、食品添加剂进行检验;

(二)食品生产经营企业未按规定建立食品安全管理制度,或者未按规定配备或者培训、考核食品安全管理人员;

(三)食品、食品添加剂生产经营者进货时未查验许可证和相关证明文件,或者未按规定建立并遵守进货查验记录、出厂检验记录和销售记录制度;

(四)食品生产经营企业未制定食品安全事故处置方案;

(五)餐具、饮具和盛放直接入口食品的容器,使用前未经洗净、消毒或者清洗消毒不合格,或者餐饮服务设施、设备未按规定定期维护、清洗、校验;

(六)食品生产经营者安排未取得健康证明或者患有国务院卫生行政部门规定的有碍食品安全疾病的人员从事接触直接入口食品的工作;

(七)食品经营者未按规定要求销售食品;

(八)保健食品生产企业未按规定向食品药品监督管理部门备案,或者未按备案的产品配方、生产工艺等技术要求组织生产;

(九)婴幼儿配方食品生产企业未将食品原料、食品添加剂、产品配方、标签等向食品药品监督管理部门备案;

(十)特殊食品生产企业未按规定建立生产质量管理体系并有效运行,或者未定期提交自查报告;

(十一)食品生产经营者未定期对食品安全状况进行检查评价,或者生产经营条件发生变化,未按规定处理;

(十二)学校、托幼机构、养老机构、建筑工地等集中用餐单位未按规定履行食品安全管理责任;

(十三)食品生产企业、餐饮服务提供者未按规定制定、实施生产经营过程控制要求。

餐具、饮具集中消毒服务单位违反本法规定用水,使用洗涤剂、消毒剂,或者出厂的餐具、饮具未按规定检验合格并随附消毒合格证明,或者未按规定在独立包装上标注相关内容的，由县级以上人民政府卫生行政部门依照前款规定给予处罚。

食品相关产品生产者未按规定对生产的食品相关产品进行检验的，由县级以上人民政府质量监督部门依照第一款规定给予处罚。

食用农产品销售者违反本法第六十五条规定的，由县级以上人民政府食品药品监督管理部门依照第一款规定给予处罚。

第一百二十七条　对食品生产加工小作坊、食品摊贩等的违法行为的处罚，依照省、自治区、直辖市制定的具体管理办法执行。

第一百二十八条　违反本法规定，事故单位在发生食品安全事故后未进行处置、报告的，由有关主管部门按照各自职责分工责令改正，给予警告；隐匿、伪造、毁灭有关证据的，责令停产停业，没收违法所得，并处十万元以上五十万元以下罚款；造成严重后果的，吊销许可证。

第一百二十九条　违反本法规定，有下列情形之一的，由出入境检验检疫机构依照本法第一百二十四条的规定给予处罚：

（一）提供虚假材料，进口不符合我国食品安全国家标准的食品、食品添加剂、食品相关产品；

（二）进口尚无食品安全国家标准的食品，未提交所执行的标准并经国务院卫生行政部门审查，或者进口利用新的食品原料生产的食品或者进口食品添加剂新品种、食品相关产品新品种，未通过安全性评估；

（三）未遵守本法的规定出口食品；

（四）进口商在有关主管部门责令其依照本法规定召回进口的食品后，仍拒不召回。

违反本法规定，进口商未建立并遵守食品、食品添加剂进口和销售记录制度、境外出口商或者生产企业审核制度的，由出入境检验检疫机构依照本法第一百二十六条的规定给予处罚。

第一百三十条　违反本法规定，集中交易市场的开办者、柜台出租者、展销会的举办者允许未依法取得许可的食品经营者进入市场销售食品，或者未履行检查、报告等义务的，由县级以上人民政府食品药品监督管理部门责令改正，没收违法所得，并处五万元以上二十万元以下罚款；造成严重后果的，责令停业，直至由原发证部门吊销许可证；使消费者的合法权益受到损害的，应当与食品经营者承担连带责任。

食用农产品批发市场违反本法第六十四条规定的，依照前款规定承担责任。

第一百三十一条 违反本法规定，网络食品交易第三方平台提供者未对入网食品经营者进行实名登记、审查许可证，或者未履行报告、停止提供网络交易平台服务等义务的，由县级以上人民政府食品药品监督管理部门责令改正，没收违法所得，并处五万元以上二十万元以下罚款；造成严重后果的，责令停业，直至由原发证部门吊销许可证；使消费者的合法权益受到损害的，应当与食品经营者承担连带责任。

消费者通过网络食品交易第三方平台购买食品，其合法权益受到损害的，可以向入网食品经营者或者食品生产者要求赔偿。网络食品交易第三方平台提供者不能提供入网食品经营者的真实名称、地址和有效联系方式的，由网络食品交易第三方平台提供者赔偿。网络食品交易第三方平台提供者赔偿后，有权向入网食品经营者或者食品生产者追偿。网络食品交易第三方平台提供者作出更有利于消费者承诺的，应当履行其承诺。

第一百三十二条 违反本法规定，未按要求进行食品贮存、运输和装卸的，由县级以上人民政府食品药品监督管理等部门按照各自职责分工责令改正，给予警告；拒不改正的，责令停产停业，并处一万元以上五万元以下罚款；情节严重的，吊销许可证。

第一百三十三条 违反本法规定，拒绝、阻挠、干涉有关部门、机构及其工作人员依法开展食品安全监督检查、事故调查处理、风险监测和风险评估的，由有关主管部门按照各自职责分工责令停产停业，并处二千元以上五万元以下罚款；情节严重的，吊销许可证；构成违反治安管理行为的，由公安机关依法给予治安管理处罚。

违反本法规定，对举报人以解除、变更劳动合同或者其他方式打击报复的，应当依照有关法律的规定承担责任。

第一百三十四条　食品生产经营者在一年内累计三次因违反本法规定受到责令停产停业、吊销许可证以外处罚的，由食品药品监督管理部门责令停产停业，直至吊销许可证。

第一百三十五条　被吊销许可证的食品生产经营者及其法定代表人、直接负责的主管人员和其他直接责任人员自处罚决定作出之日起五年内不得申请食品生产经营许可，或者从事食品生产经营管理工作、担任食品生产经营企业食品安全管理人员。

因食品安全犯罪被判处有期徒刑以上刑罚的，终身不得从事食品生产经营管理工作，也不得担任食品生产经营企业食品安全管理人员。

食品生产经营者聘用人员违反前两款规定的，由县级以上人民政府食品药品监督管理部门吊销许可证。

第一百三十六条　食品经营者履行了本法规定的进货查验等义务，有充分证据证明其不知道所采购的食品不符合食品安全标准，并能如实说明其进货来源的，可以免予处罚，但应当依法没收其不符合食品安全标准的食品；造成人身、财产或者其他损害的，依法承担赔偿责任。

第一百三十七条　违反本法规定，承担食品安全风险监测、风险评估工作的技术机构、技术人员提供虚假监测、评估信息的，依法对技术机构直接负责的主管人员和技术人员给予撤职、开除处分；有执业资格的，由授予其资格的主管部门吊销执业证书。

第一百三十八条　违反本法规定，食品检验机构、食品检验人员出具虚假检验报告的，由授予其资质的主管部门或者机构撤销该食品检验机构的检验资质，没收所收取的检验费用，并处检验费用五倍以上十倍以下罚款，检验费用不足一万元的，并处五万元以上十万元以下罚款；依法对食品检验机构直接负责的主管人员和食品检验人员给予撤职或者开除处分；导致发生重大食品安全事故的，对直接负责的主管人员和食品检验人员给予开除处分。

违反本法规定，受到开除处分的食品检验机构人员，自处分决定作出之日起十年内不得从事食品检验工作；因食品安全违法行为受到刑事处罚或者因出具虚假检验报告导致发生重大食品安全事故受到开除处分的食品检验机构人员，终身不得从事食品检验工作。食品检验机构聘用不得从事食品检验工作的人员的，由授予其资质的主管部门或者机构撤销该食品检验机构的检验资质。

食品检验机构出具虚假检验报告，使消费者的合法权益受到损害的，应当与食品生产经营者承担连带责任。

第一百三十九条 违反本法规定，认证机构出具虚假认证结论，由认证认可监督管理部门没收所收取的认证费用，并处认证费用五倍以上十倍以下罚款，认证费用不足一万元的，并处五万元以上十万元以下罚款；情节严重的，责令停业，直至撤销认证机构批准文件，并向社会公布；对直接负责的主管人员和负有直接责任的认证人员，撤销其执业资格。

认证机构出具虚假认证结论，使消费者的合法权益受到损害的，应当与食品生产经营者承担连带责任。

第一百四十条 违反本法规定，在广告中对食品作虚假宣传，欺骗消费者，或者发布未取得批准文件、广告内容与批准文件不一致的保健食品广告的，依照《中华人民共和国广告法》的规定给予处罚。

广告经营者、发布者设计、制作、发布虚假食品广告，使消费者的合法权益受到损害的，应当与食品生产经营者承担连带责任。

社会团体或者其他组织、个人在虚假广告或者其他虚假宣传中向消费者推荐食品，使消费者的合法权益受到损害的，应当与食品生产经营者承担连带责任。

违反本法规定，食品药品监督管理等部门、食品检验机构、食品行业协会以广告或者其他形式向消费者推荐食品，消费者组织以收取费用或者其他牟取利益的方式向消费者推荐食品的，由有关主管部门没收违法所得，依法对直接负责的主管人员和其他直接责任人员给予记大过、降级或者撤职处分；情节严重的，给予开除处分。

对食品作虚假宣传且情节严重的，由省级以上人民政府食品药品监督管理部门决定暂停销售该食品，并向社会公布；仍然销售该食品的，由县级以上人民政府食品药品监督管理部门没收违法所得和违法销售的食品，并处二万元以上五万元以下罚款。

第一百四十一条　违反本法规定，编造、散布虚假食品安全信息，构成违反治安管理行为的，由公安机关依法给予治安管理处罚。

媒体编造、散布虚假食品安全信息的，由有关主管部门依法给予处罚，并对直接负责的主管人员和其他直接责任人员给予处分；使公民、法人或者其他组织的合法权益受到损害的，依法承担消除影响、恢复名誉、赔偿损失、赔礼道歉等民事责任。

第一百四十二条　违反本法规定，县级以上地方人民政府有下列行为之一的，对直接负责的主管人员和其他直接责任人员给予记大过处分；情节较重的，给予降级或者撤职处分；情节严重的，给予开除处分；造成严重后果的，其主要负责人还应当引咎辞职：

（一）对发生在本行政区域内的食品安全事故，未及时组织协调有关部门开展有效处置，造成不良影响或者损失；

（二）对本行政区域内涉及多环节的区域性食品安全问题，未及时组织整治，造成不良影响或者损失；

（三）隐瞒、谎报、缓报食品安全事故；

（四）本行政区域内发生特别重大食品安全事故，或者连续发生重大食品安全事故。

第一百四十三条　违反本法规定，县级以上地方人民政府有下列行为之一的，对直接负责的主管人员和其他直接责任人员给予警告、记过或者记大过处分；造成严重后果的，给予降级或者撤职处分：

（一）未确定有关部门的食品安全监督管理职责，未建立健全食品安全全程监督管理工作机制和信息共享机制，未落实食品安全监督管理责任制；

（二）未制定本行政区域的食品安全事故应急预案，或者发生食品安全事故后未按规定立即成立事故处置指挥机构、启动应急预案。

第一百四十四条 违反本法规定，县级以上人民政府食品药品监督管理、卫生行政、质量监督、农业行政等部门有下列行为之一的，对直接负责的主管人员和其他直接责任人员给予记大过处分；情节较重的，给予降级或者撤职处分；情节严重的，给予开除处分；造成严重后果的，其主要负责人还应当引咎辞职：

（一）隐瞒、谎报、缓报食品安全事故；

（二）未按规定查处食品安全事故，或者接到食品安全事故报告未及时处理，造成事故扩大或者蔓延；

（三）经食品安全风险评估得出食品、食品添加剂、食品相关产品不安全结论后，未及时采取相应措施，造成食品安全事故或者不良社会影响；

（四）对不符合条件的申请人准予许可，或者超越法定职权准予许可；

（五）不履行食品安全监督管理职责，导致发生食品安全事故。

第一百四十五条 违反本法规定，县级以上人民政府食品药品监督管理、卫生行政、质量监督、农业行政等部门有下列行为之一，造成不良后果的，对直接负责的主管人员和其他直接责任人员给予警告、记过或者记大过处分；情节较重的，给予降级或者撤职处分；情节严重的，给予开除处分：

（一）在获知有关食品安全信息后，未按规定向上级主管部门和本级人民政府报告，或者未按规定相互通报；

（二）未按规定公布食品安全信息；

（三）不履行法定职责，对查处食品安全违法行为不配合，或者滥用职权、玩忽职守、徇私舞弊。

第一百四十六条 食品药品监督管理、质量监督等部门在履行食品安全监督管理职责过程中，违法实施检查、强制等执法措施，给生产经营者造成损失的，应当依法予以赔偿，对直接负责的主管人员和其他直接责任人员依法给予处分。

第一百四十七条 违反本法规定，造成人身、财产或者其他损害的，依法承担赔偿责任。生产经营者财产不足以同时承担民事赔偿责任和缴纳罚款、罚金时，先承担民事赔偿责任。

第一百四十八条 消费者因不符合食品安全标准的食品受到损害的，可以向经营者要求赔偿损失，也可以向生产者要求赔偿损失。接到消费者赔偿要求的生产经营者，应当实行首负责任制，先行赔付，不得推诿；属于生产者责任的，经营者赔偿后有权向生产者追偿；属于经营者责任的，生产者赔偿后有权向经营者追偿。

生产不符合食品安全标准的食品或者经营明知是不符合食品安全标准的食品，消费者除要求赔偿损失外，还可以向生产者或者经营者要求支付价款十倍或者损失三倍的赔偿金；增加赔偿的金额不足一千元的，为一千元。但是，食品的标签、说明书存在不影响食品安全且不会对消费者造成误导的瑕疵的除外。

第一百四十九条 违反本法规定，构成犯罪的，依法追究刑事责任。

第十章　附则

第一百五十条 本法下列用语的含义：

食品，指各种供人食用或者饮用的成品和原料以及按照传统既是食品又是中药材的物品，但是不包括以治疗为目的的物品。

食品安全，指食品无毒、无害，符合应当有的营养要求，对人体健康不造成任何急性、亚急性或者慢性危害。

预包装食品，指预先定量包装或者制作在包装材料、容器中的食品。

食品添加剂，指为改善食品品质和色、香、味以及为防腐、保鲜和加工工艺的需要而加入食品中的人工合成或者天然物质，包括营养强化剂。

用于食品的包装材料和容器，指包装、盛放食品或者食品添加剂用的纸、竹、木、金属、搪瓷、陶瓷、塑料、橡胶、天然纤维、化学纤维、玻璃等制品和直接接触食品或者食品添加剂的涂料。

用于食品生产经营的工具、设备，指在食品或者食品添加剂生产、销售、使用过程中直接接触食品或者食品添加剂的机械、管道、传送带、容器、用具、餐具等。

用于食品的洗涤剂、消毒剂，指直接用于洗涤或者消毒食品、餐具、饮具以及直接接触食品的工具、设备或者食品包装材料和容器的物质。

食品保质期，指食品在标明的贮存条件下保持品质的期限。

食源性疾病，指食品中致病因素进入人体引起的感染性、中毒性等疾病，包括食物中毒。

食品安全事故，指食源性疾病、食品污染等源于食品，对人体健康有危害或者可能有危害的事故。

第一百五十一条　转基因食品和食盐的食品安全管理，本法未作规定的，适用其他法律、行政法规的规定。

第一百五十二条　铁路、民航运营中食品安全的管理办法由国务院食品药品监督管理部门会同国务院有关部门依照本法制定。

保健食品的具体管理办法由国务院食品药品监督管理部门依照本法制定。

食品相关产品生产活动的具体管理办法由国务院质量监督部门依照

本法制定。

国境口岸食品的监督管理由出入境检验检疫机构依照本法以及有关法律、行政法规的规定实施。

军队专用食品和自供食品的食品安全管理办法由中央军事委员会依照本法制定。

第一百五十三条　国务院根据实际需要，可以对食品安全监督管理体制作出调整。

第一百五十四条　本法自 2015 年 10 月 1 日起施行。

参 考 文 献

1. 北京市统计局,《北京统计年鉴2010》。

2. 卜卫兵等:《乳品加工业与原料奶供应商合作效率分析》,载《农业经济问题》2007年第6期。

3. 陈天霞:《我国奶业生产风险因素分析与防范研究》,中国农业科学院硕士学位论文,2011年。

4. 程漱兰:《WTO背景下的中国奶业发展前景》,载《农业经济问题》2002年第3期。

5. 国家统计局:《中国统计年鉴(2011)》。

6. 衡霞:《农业产业化风险形成机理分析——从利益相关者角度》,载《现代经济信息》2009年第3期。

7. 贾士靖、张涛、杜宝亭:《中日两国奶业发展对比》,载《中国乳品工业》2007年第7期。

8. 贾永全、耿忠诚:《奶牛生产风险的规避》,载《黑龙江畜牧兽医》2004年第5期。

9. 康国祥:《农村奶牛养殖中奶农所承受风险的几点思考》,载《畜牧兽医杂志》2008年第1期。

10. 李建才:《我国奶业发展中存在的问题及对策》,载《中国畜牧兽医文摘》2007年第1期。

11. 李胜利等:《从美国奶业发展看中国奶业》,载《中国畜牧杂志》2007年第4期。

12. 刘成果:《我国奶牛饲料业的现状及发展对策》,载《中国奶

牛》2006 年第 1 期。

13. 刘玉满：《破解我国奶业发展面临的风险、问题及制约因素》，载《河北畜牧兽医》2006 年第 2 期。

14. 鲁丕铎、于静：《奶业发展的制约因素及其对策》，载《河南畜牧兽医》2003 年第 7 期。

15. 穆建红：《北京消费者对鸡肉可追溯性标识的支付意愿调查——讨论廉价协商和不确定性调整对校正条件价值法中假设偏差的有效性》，中国人民大学硕士论文，2007 年。

16. 乔光华：《我国乳业安全可追溯体系的构建研究》，载《中国流通经济》2009 年第 4 期。

17. 申菊梅等：《某市牛奶消费者消费习惯分析》，载《科技资讯》2007 年第 11 期。

18. 沈伟平等：《影响牛奶质量安全的因素及对策》，载《上海畜牧兽医通讯》2009 年第 2 期。

19. 王春燕、邓曦东、危宁：《风险评价方法综述》，载《科技创业月刊》2006 年第 8 期。

20. 王健、顾培亮：《农业生产风险管理策略的研究》，载《西北农林科技大学学报》（社会科学版）2003 年第 5 期。

21. 王志刚：《食品安全的认知和消费决定：关于天津市个体消费者的实证分析》，载《中国农村经济》2003 年第 4 期。

22. 吴洋：《内蒙古乳业风险因素研究》，内蒙古农业大学硕士论文，2009 年。

23. 徐爱国：《规避奶业风险五举措》，载《中国牧业通讯》2005 年第 10 期。

24. 曾寅初等：《消费者对绿色食品的购买和认知水平及其影响因素——给予北京市消费者调查的分析》，载《消费经济》2007 年第 1 期。

25. 张晓勇等：《中国消费者对食品安全的关切——对天津消费者的调查分析》，载《中国农村观察》2004 年第 1 期。

26. 周慧等：《影响消费者牛奶消费的因素分析——对北京是消费者调查的分析》，引自秦富、王济民主编：《农业科技与发展研究 2010》，中国农业出版社 2011 年版。

27. 周慧等：《北京消费者对于良好农业规范的态度研究——以牛奶为例》，引自陈廷贵主编：《中日良好农业规范的经济学分析》，中国农业出版社 2013 年版。

28. 周洁红等：《影响生鲜蔬菜消费者选择政府食品安全管制方式的影响因素——给予浙江省消费者的实证研究》，载《统计科学与实践》2004 年第 11 期。

29. 周应恒等：《食品安全：消费者态度、购买意愿及信息的影响——对南京超市消费者的调查分析》，载《中国农村经济》2004 年第 11 期。

30. 周应恒等：《消费者对加贴信息可追溯标签牛肉的购买行为分析——基于上海市家乐福超市的调查》，载《中国农村经济》2008 年第 5 期。

31. Abdi, H. , and J. Lynne Principal Component Analysis. *Interdisciplinary Reviews Computational Statistics*, (2010) 2. 4: 433 –459.

32. Adamowicz W, J. Louviere and J. Swait: Introduction to Attribute Based Stated Choice Methods. *Report to NOAA Resource Valuation Branch*, Damage Assessment Centre, (1998), pp. 218 –224.

33. Adamowicz W. , J. Louviere and J. Swait Combining Revealed and Stated Preference Methods for Valuing Environmental Amenities. *Journal of Environmental Economics and Management* (1994) 26, pp. 271 –292.

34. Aizaki H, Sato N. Consumers' valuation of good agricultural practice by using contingent valuation and contingent ranking methods: a case study of

Miyagi Prefecture, Japan. *Agricultural Information Research* (2007). 16, pp. 150 – 157.

35. Aizaki H. Nanseki T. and Zhou H. Japanese consumer preferences for milk certified as good agricultural practice. *Animal Science journal* doi: 10. 1111/j. 1740 – 0929. 2012. 01043. x (2012), pp. 21 – 26.

36. Andreas Kontoleon, Mitsuyasu Yabe, Assessing the Impacts of Alternative "opt-out" Formats in Choice Experiment Studies: Consumer Preferences for Genetically Modified Content and Production Information in Food, *Journal of Agricultural Policy Research* (2003) 5 pp. 45 – 56.

37. Asfaw, A. Admassie, A. : The role of education on the adoption of chemical fertilizer under different socioeconomic environments in Ethiopia. *Agricultural Economics*, (2004) Vol. 30, No. 3, pp. 215 – 228.

38. Bateman I. J et al. *Economic Valuation with Stated Preference Technique: A Manual.* (2002) Edward Elgar. United Kingdom. pp. 224 – 254.

39. Borst, H. M. Akkermans, J. Top: Engineering Ontologies, International Journal of Human Computer Studies, 46 (2 – 3) (1997), pp. 365 – 406.

40. Carlson J. E. , Dillman D. A. . Early adopters and non-users of No-till in the Pacific Northwest. *Report prepared for the soil conservation service by the department of rural sociology*, Washington State University and Department of Agricultural Economics, University of Idaho (1985).

41. Chow, W. An Exploratory Study of the Success Factors for Extranet Adoption in E-supply Chain. *Journal of Global Information Management* (2004) 12. 1: pp. 60 – 67.

42. Dickinson, D. L. and D. Bailey. Willingness-to-pay for information: Experimental evidence on product traceability from the U. S. A. , Canada, the UK and Japan. *Economic Research Study Paper ERI* 2003 – 12, Utah

State University, Logan, UT. (2003).

43. Dickinson, D. L. and D. Bailey Meat Traceability: Are US Consumer Willing to Pay for It? *Journal of Agricultural and Resource Economics*, (2002) 27: pp. 348 – 364.

44. Economic Research Service (ERS), U. S. Department of Agriculture Agricultural Economic Report No. 774. *Managing Risk in Farming: Concepts, Research, and Analysis.* (1997) Available at http: //www. nal. usda. gov/ref/USDApubs/aer. htm.

45. Economic Research Service (ERS), U. S. Department of Agriculture, Agriculture Economic Report No. 830. *Traceability in the U. S. Food Supply: Economic Theory and Industry Studies* (2004). Available at http: // www. ers. usda. gov/publications/aer830/aer830. pdf.

46. Field A. *Discovering Statistics Using SPSS (Third Edition)* . SAGE Publication, Inc. (2009), pp. 133 – 154.

47. Flaten, O. , G. Lien, M. Koesling, P. S. Ebbesvik M. Comparing Risk Perceptions and Risk Management in Organic and Conventional Dairy Farming: Empirical Results from Norway. *Livestock Production Science*, (2005) 95: pp. 11 – 25.

48. Fleisher, B. Agricultural Risk Management. Lynne Rienner Publishers Inc. USA. (1990), pp. 201 – 232.

49. Fleisher, B. *Agricultural Risk Management.* Lynne Rienner Publishers Inc. USA. (1990), pp. 95 – 66.

50. Food Agriculture Organization of United Nations (FAO) 2003. *Committee on agriculture seventeenth session-development of a framework for good agricultural practices.* Available at: http: //www. fao. org/docrep/meeting/ 006/y8704e. htm.

51. Food Agriculture Organization of United Nations (FAO). *FAOSTAT*

Agriculture Database. Accessed November 2013, 2013available at http: //faostat. fao. org/site/339/default. aspx.

52. Golan, E. Krissof, B. , Kuchler, F. , Nelson, K. , Price, G. , and Calvin, L. "Traceability in the US Food Supply: Economics Theory and Industry Studies. " *Agricultural Economics Reports* (2004) pp. 43 – 46.

53. Gordijn, H. M. Akkermans Designing and evaluating e-business models, IEEE Intelligent systems, (2001) 16 (4), pp. 11 – 17.

54. Greene W. H (2002). LIMDEP version 9. 0 Econometric Modeling Guide Vol. 2 Economic Software Inc, NY, USA.

55. Hair, J. F. , R. E. Anderson, R. L. Tatham and W. C. Blac *Multivariate Data Analysis.* Macmillan Publishing Company, New York, (1995) pp. 332 – 342.

56. Hensher, D. A. and Louviere J. J. . Identifying Individual Preferences for International Air Travel: An Application of Functional Measurement Theory. *Journal of Transport Economics and Policy.* (1983) 17, pp. 225 – 245.

57. Herve A, Lynne JW: Principal Component Analysis. Wiley Interdisciplinary Review: Comupational Statistics 2010, 2 (4), pp. 433 – 459.

58. Hobbs, J. E. et al. Traceability in the Canadian Red Meat Market Sector: Do Consumers Care? *Canadian Journal of Agricultural Economics* 2005, 53: pp. 47 – 65.

59. Ian G. , Smith and Anthony Furness Ed. *Food traceability around the world* (*in conjunction with global food traceability forum*), Vicarage Publications Ltd, England 208, (2008), pp. 87 – 103.

60. James P. S. , *Applied Multivariate Statistics for the social sciences* (Fifth Edition) Taylor and Francis Group, New York. (2009) pp. 146 – 164.

61. Japan Agrinfo Newsletter. *MAFF to Harness JAS as Means of Ensu-*

ring Beef Traceability. (2003) Available at http：//www. jiac. or. jp/agrinfo/0307. html.

62. Lindsay I. S. *A tutorial on Principal Components Analysis.* (2002) Available at：http：//kybele. psych. cornell. edu/ ~ edelman/Psych-465Spring-2003/PCA-tutorial.

63. Louviere J. , Hensher D. and Swait J. . *Stated Choice Methods*：*Analysis and Application.* Cambridge University Press. (2000) pp. 196 – 204.

64. Louviere, J. J. and Woodworth G. . Design and Analysis of Simulated Consumer Choice or Allocation Experiments：An Approach Based on Aggregate Data, *Journal of Marketing Research.* (1983) 20：350 – 367.

65. Martin S. Risk Management Strategies in New Zealand Agriculture and Horticulture. *Review of Market and Agricultural Economics*, (1996) 64：pp. 31 – 44.

66. Meuwissen M. P. M. , Huirne R. B. M. , and Hardaker J. B. Risk and Risk Management：An Empirical Analysis of Dutch Livestock Farmers. *Livestock Production Science*, (2001) 69：pp. 43 – 53.

67. Nanseki T. *Management of Risk and Information in Agriculture.* Agriculture and Forestry Statistics Publishing Inc. Japan (in Japanese) (2011) pp. 35 – 54.

68. Nanseki T. , Xu Y. , Zhou H. , Huang B. , Song M. , Applicability of the Noyaku-Navi System for Appropriate Use of Agricultural Chemical：A Case Study in China, *World Conference on Agricultural Information and IT*, (2008), pp. 345 – 351.

69. Nanseki T. . *Food risk and food safety in East Asia.* Agriculture and Forestry Statistics Publishing Inc. Japan (in Japanese), (2010) pp. 34 – 36.

70. Nanseki, T. and K. Yokoyama, in Ian G. Smith and Anthony Furness Ed *JAPAN*：*Improving Food Safety amongst Food Operators*, Food Trace-

ability Around the World, Vicarage Publications Ltd, England, (2008) Vol. 1, pp. 46 – 65.

71. Nanseki, T. , Y. Xu and Y. Zeng (2008) Feasibility study for comparison of food risk perception in Japan and China, *Proceedings of the* 2008 *research meeting of the Farm Management Society of Japan*, pp. 222 – 223 (In Japanese).

72. Sahin E, Dallery Y, Gershwin S: Performance Evaluation of a Traceability System. In: Proceeding of IEEE international Conference on System, Man and Cyberneties, 2002, (3): pp. 210 – 218.

73. Song M. Gao X. O. Nanseki T. Reducing food safety risk: agricultural practices in China. *Journal of the faculty of agriculture*, *Kyushu University*. (2010) 55 (1) 569 – 576.

74. Song, M, Liu L. J. , Wang Z. G. and Nanseki T. Consumers' Attitudes to Food Traceability System in China: Evidences from the Pork Market in Beijing, *Journal of the Faculty of Agriculture*, *Kyushu University*, (2008) 53 (2): 569 – 574.

75. Souza-Monteiro, D. M. and J. A. Caswell. (2005). "The Economics of Traceability for Multi-Ingredient Products: A Network Approach". *Paper presented at the* 2005 *Annual Meeting of the American Agricultural Economics Association*.

76. Souza-Monteiro, D. M. and J. A. Caswell. "The Economics of Implementing Traceability in Beef Supply Chains: Trends in Major Producing and Trading Countries". *Working Pape*r no. 2004 – 6.

77. SPSS Inc. *SPSS Base* 15. 0 *for Windows User's Guide*. SPSS Inc. , (2007) Chicago IL.

78. Takeda Y. JGAP updates and its approach. *Japan Good Agricultural Practices Association*. Available at http: //jgap. jp/ (2011).

79. Wang H. , Xu X. . Micro behaviors and the safety of agro-products: an analysis of rural production and resident consumption, *Chinese Journal of Nanjing Agricultural University (Social Sciences Edition)* . (2004) Vol. 4, (1): 23 −28.

80. Wilson, P. N. , Luginsland T. R. and Armstrong D. V. (1988) Risk Perceptions and Management Responses of Arizona Dairy Producers. *Journal of Dairy Science*, 71: 545 −551.

81. Wu S. (1991) Preliminary investigation of water N concentration within rural area in lower reach of Yangtze in China. *Paper presented at the International conference on Agriculture and environment.* Ohio State University, Columbus, Ohio, 10 −13 November, 1991, 53 (2): 569 −574.

82. Wu, Y. (2009) The research on Inner Mongolia Dairy Risk Factor. Thesis of Master Degree, the Inner Mongolia Agriculture University of China (in Chinese).

83. Xu Y. Nanseki T. Cui Y. H. and Song M. (2010) Good agricultural practice in China. Nanseki T. (Ed) *Food risk and safety in East Asia*, Agriculture and forestry statistics publishing Inc. 101 −119.

84. Zhang X. (2004). Chinese Consumers' Concerns over Food Safety. *Journal of China Rural Survey.* 2004 Vol. 10, pp. 112 −117.

85. Zhang X. Y. et al. (2005) Chinese Consumers' Concerns about Food Safety Case of Tianjin. *Journal of International Food and Agribusiness Marketing* 17 (1), pp. 57 −69.

86. Zhou H, Nanseki T. , Takeuchi S, . (2012) Dairy farmers' risk perception and risk management in China-Evidence from Hebei Province and Inner Mongolia. -*Agricultural Information Research* 2012, 21 (2): 21 −27.

87. Zhou Hui, T. Nanseki, K. Hotta, S. Shinkai and Y. Xu, 2010, Analysis of Consumers' Attitudes toward Traceability system on Dairy Products

in China, *Journal of Faculty of Agriculture*, *Kyushu University* 2010, 55 (1): 167 - 172.

88. Zhou Hui, T. Nanseki, K. Hotta, S. Shinkai. 2010. Traceability System in Chinese Dairy Products: An Analysis of Consumers' Preference on Products Information, *Japanese Journal of Farm Management*, 2010, 48 (1): 130 - 135.

89. Zhou H. , Nanseki T. , Hotta K. , and Shinkai S. (2008) Study on the Dairy Products Traceability Systems in China, Food Safety and Risk in Agriculture, *Resources and Environment in East Asia*: *Perspectives of Technology Development and System Design.*

90. Zhou H. , Nanseki T. , Hotta K. , Shinkai S. and Xu Y. , (2010), Analysis of Consumers' Attitudes toward Traceability system on Dairy Products in China, *Journal of Faculty of Agriculture*, *Kyushu University* 2010, 55 (1): 167 - 172.

91. Zhou Y. H (2002) Application of Traceability in Food Safety. *Research of Agricultural Modernization* 2002, 23 (6): 34 - 40.

后　记

　　本书是我在日本九州大学开展博士学位研究时的部分内容，在前期的研究过程中受到日本文部科学省的资助，后期的论文发表及书籍出版受到中国农业科学院创新工程项目的资助，在此向中国农业科学院创新工程表示衷心的感谢。

　　在研究的整个过程中，我的指导教授日本九州大学的南石晃明老师给予了悉心指导，研究的理论框架源自老师2010年出版的《东亚地区食品风险与食品安全》一书中提到的新时代食品供应系统理论，并为研究的完成提出了诸多宝贵的意见和建议；日本九州大学的矢部光保老师在选择实验的模型构建方面给予我很多指点，并帮我完成选择实验的矩阵构建；中国农业科学院农业经济与发展研究所的王济民研究员在协调我在国内的实地调研方面给予很多支持，中国农业科学院农业资源与农业区划研究所的宋敏研究员为我的调查问卷设计提出了很多建设性的意见，河北省社科院的李东坡助理研究员在河北和内蒙古的数据收集方面给予了诸多帮助，在此一并表示感谢。

图书在版编目（CIP）数据

中国牛奶产业消费与奶农风险研究/周慧著．—北京：
经济科学出版社，2015.12
（中国农业科学院农业经济与发展研究所研究论丛．第4辑）
ISBN 978 - 7 - 5141 - 6505 - 0

Ⅰ.①中…　Ⅱ.①周…　Ⅲ.①牛奶 - 乳品工业 - 经济
发展 - 研究 - 中国②乳牛 - 养牛业 - 风险管理 - 研究 - 中国
Ⅳ.①F426.82②F326.3

中国版本图书馆 CIP 数据核字（2016）第 006906 号

责任编辑：齐伟娜
责任校对：靳玉环
责任印制：李　鹏

中国牛奶产业消费与奶农风险研究
周　慧　南石晃明　著

经济科学出版社出版、发行　新华书店经销
社址：北京市海淀区阜成路甲 28 号　邮编：100142
总编部电话：010 - 88191217　发行部电话：010 - 88191540
网址：www. esp. com. cn
电子邮箱：esp@ esp. com. cn
天猫网店：经济科学出版社旗舰店
网址：http://jjkxcbs. tmall. com
北京季蜂印刷有限公司印装
710 × 1000　16 开　8.25 印张　110000 字
2017 年 11 月第 1 版　2017 年 11 月第 1 次印刷
ISBN 978 - 7 - 5141 - 6505 - 0　定价：28.00 元
（图书出现印装问题，本社负责调换。电话：010 - 88191502）
（版权所有　翻印必究　举报电话：010 - 88191586
电子邮箱：dbts@ esp. com. cn）